PRESBÍTERO

Dados Internacionais de Catalogação na Publicação (CIP)
(Câmara Brasileira do Livro, SP, Brasil)

Brandes, Orlando
　　Presbítero : vocação e missão / Dom Orlando Brandes. – Petrópolis, RJ : Vozes, 2020.

　　ISBN 978-85-326-6304-7

　　1. Igreja Católica – Clero 2. Missão da Igreja 3. Presbíteros 4. Vocação sacerdotal I. Título.

19-29684　　　　　　　　　　　　　　　　　　CDD-253

Índices para catálogo sistemático:
1. Presbíteros : Missão pastoral : Cristianismo   253

Cibele Maria Dias – Bibliotecária – CRB-8/9427

DOM ORLANDO BRANDES

PRESBÍTERO
VOCAÇÃO E MISSÃO

EDITORA VOZES

Petrópolis

© 2020, Editora Vozes Ltda.
Rua Frei Luís, 100
25689-900 Petrópolis, RJ
www.vozes.com.br
Brasil

Todos os direitos reservados. Nenhuma parte desta obra poderá ser reproduzida ou transmitida por qualquer forma e/ou quaisquer meios (eletrônico ou mecânico, incluindo fotocópia e gravação) ou arquivada em qualquer sistema ou banco de dados sem permissão escrita da editora.

CONSELHO EDITORIAL

Diretor
Gilberto Gonçalves Garcia

Editores
Aline dos Santos Carneiro
Edrian Josué Pasini
Marilac Loraine Oleniki
Welder Lancieri Marchini

Conselheiros
Francisco Morás
Ludovico Garmus
Teobaldo Heidemann
Volney J. Berkenbrock

Secretário executivo
João Batista Kreuch

Editoração: Ana Lucia Q.M. Carvalho
Diagramação: Sheilandre Desenv. Gráfico
Revisão gráfica: Nilton Braz da Rocha / Nivaldo S. Menezes
Capa: WM design

ISBN 978-85-326-6304-7

Editado conforme o novo acordo ortográfico.

Este livro foi composto e impresso pela Editora Vozes Ltda.

Sumário

Parte I – Vocação, 9

A beleza da vida consagrada, 11

Precisamos de novos padres, 14

Bullying vocacional, 16

Jesus, modelo de animador vocacional, 18

Papa Francisco e o seminarista, 20

Como cultivar uma vocação: 10 dicas, 24

Cultivando homens de bom coração, 26

Vocações com quatro "s", 29

É Deus quem chama, 31

Parte II – Vida e ministério, 33

A inveja, 35

A missão do padre, 37

São João Maria Vianney como modelo para o sacerdote, 39

Clero em constantes renovações, 43

O servidor do povo sacerdotal, 46

Qualidades humanas a serem cultivadas, 48

Ativismo e mística na Igreja, 51

Carreirismo, uma velha tentação, 54

Perdão e compreensão, 56

Decálogo do presbítero, 58

Desejo de onipotência, o complexo original e o padre, 60

Deus e o padre, parceiros inseparáveis, 63

Caro padre, Deus não é..., 65

Doenças curiais e presbiterais, 67

Eucaristia, sacerdócio e vocações, 71

Forças espirituais dos presbíteros, 73

Identidade do padre, 76

Messianismo, uma patologia pastoral e presbiteral?, 80

Nem anjos, nem demônios, mas homens de Deus, 82

Pecados de padres e bispos, 84

O amor de Deus pelo sacerdote, 86

O sacerdote e o povo de Deus, 88

A importância do padre, 90

O padre e a experiência espiritual, 92

Apegos e sofrimentos, 94

A dignidade humana, 96

A experiência cristã, 99

O padre e os fatos ocorrentes na Pós-modernidade, 101

O padre e a arte da oração, 104

A arte do encontro, 107

As quatro palavras-chave a partir dos documentos da Igreja, 110

Perguntas da humanidade, 112

Palavras que fazem a diferença, 114

O padre e as obras pastorais, 116

O padre e as verdades complementares, 119

Preocupar-se com o outro, 121

O padre e o bispo em comunhão, 124

O padre e o mistério de seu eu, 128

O ato de perdoar, 130

O perigo do estresse, 132

O padre e os quatro cristianismos insuficientes, 134

Os tipos de silêncio e sua importância, 136

Os comportamentos existenciais da vida de um padre, 138

Atitudes que fazem a diferença, 141

Os "s" cativantes na vida de um padre, 143

A importância do saber na vida do padre, 146

O padre e os valores da tradição religiosa, 148

A força do nosso interior, 150

As sete fontes de sabedoria, 152

Significado espiritual do lava-pés, 154

O que o Espírito diz às Igrejas e aos presbíteros?, 157

O que reforça o negativismo no presbítero?, 159

Os pilares do sacerdócio, 161

Os quatro "p" na vida de um padre, 165

Padre, ajuda-te a ti mesmo: sete passos, 167

Padre, deixe-se amar, 169

Pedofilia, 171

Personagens religiosas emergentes, 174

As personagens religiosas e o padre, 176

Papa Francisco e os confessores, 179

Obras de misericórdia: dimensão social, 182

Presbitério sadio, 183

As seis qualidades de um padre líder, 185

Ser padre, 187

Viva o Ano Sacerdotal, 189

PARTE I

Vocação

A beleza da vida consagrada

A pessoa consagrada tem os olhos fixos na glória de Deus e na salvação do mundo. Aponta para o primado de Deus e para a elevação da dignidade humana. O consagrado(a) faz o voto do "esquecimento de si e a promoção do outro".

Vida consagrada quer dizer: "eu sou de Deus e para os outros". É uma vida descentralizada de si e concentrada em Deus e no próximo. Eis a beleza, a riqueza, o segredo da vida consagrada.

Como é belo ver consagrados e consagradas nos rincões da Amazônia, nas agruras do Nordeste, nas pastorais sociais, nas periferias, nos hospitais, nas escolas, nas missões além-fronteiras, nos mosteiros e nas favelas. Por acaso não é belo ser pobre, casto, obediente? Não é belo viver em comunidade?

O Concílio Vaticano II, o Papa Francisco e a CNBB se referem à vida consagrada com gratidão, admiração e reconhecimento. Afirmam que os consagrados colocam o Evangelho no centro de suas vidas, que adornam a Igreja com seus carismas, que são profetas do reino, que são pais e mães fecundos porque são dom de Deus para o povo. Sabemos que a vida religiosa passa por crises e noites escuras. Não devemos, porém, apagar a mecha fumegante, nem quebrar o caniço rachado. A hora da crise é também hora de Deus. O Papa Francisco diz: "Não se pode pensar a Igreja sem a vida religiosa".

Os religiosos(as) foram conquistados por Cristo Jesus, ajudam curar feridas e aquecer corações. Despertam no mundo o amor a Deus e a defesa da vida, da dignidade humana, da opção pelos pobres. Tornam a Igreja atraente pela ternura, consolação e misericórdia que testemunham. São o abraço de Deus ao mundo, ajudam a reconstruir o paraíso perdido. A vida religiosa e consagrada é em si mesma um jardim feito de flores diferentes, para transformar os desertos em jardins, embelezar a Igreja, elevar o mundo, ser a glória de Deus.

Os tempos atuais são um chamado à volta ao primeiro amor, à fidelidade aos fundadores, ao reencantamento pela missão, à animação vocacional. Na mística está a força da missão. Todos somos convocados a ser animadores e colaboradores da vida religiosa e consagrada. Precisamos ser justos e agradecidos aos(às) religiosos(as) que foram nossos primeiros pais da fé na história do Brasil. Podemos afirmar sem medo de errar que os consagrados e religiosos são grandes benfeitores da humanidade, são fermento, sal e luz do mundo.

Os papas têm elevado à honra dos altares milhares de religiosos e religiosas. Não devemos ter, portanto, um olhar de urubu a respeito da vida religiosa e consagrada, mas, o olhar de garimpeiro, que sabe descobrir o ouro no meio do barro. Enfim, os religiosos e religiosas são um abraço de Deus ao mundo, um beijo amoroso, um carinho e ternura do Pai, para com a Igreja e a humanidade inteira.

A vida consagrada e religiosa é um jeito de se viver a radicalidade do batismo, o chamado à santidade, a vocação comunitária e a coragem profética. Cada consagrado(a) sabe que Jesus lhe diz: "Tu és importante para mim".

Bem sabemos que os conselhos evangélicos de pobreza, castidade e obediência são os pilares da nova sociedade porque desestabilizam os ídolos do ter, do poder, do prazer desordenados e constituem o coração do Reino de Deus. Portanto, a vida religiosa e consagrada é uma crítica contundente ao sistema econômico atual, ao individualismo egocêntrico e ao permissivismo hedonista. Viva a vida religiosa e consagrada!

Nos encontros com os(as) superiores(as) gerais, o Papa Francisco lembra que as periferias e as fronteiras são o lugar próprio para os consagrados; que devem ter todos os dias em suas mãos as Sagradas Escrituras, que não esqueçam a gratuidade e sempre tenham na memória o olhar de Jesus que os seduziu. O Papa Francisco deseja que as comunidades religiosas sejam reflexo da comunidade trinitária e recorda que o irmão(ã) mais próximo é quem convive na comunidade. A comunidade não deve ser confundida com comodidade. Não nos roubem a alegria da comunidade e da comunhão.

Precisamos de novos padres

O padre é tão necessário para a sociedade como o médico, o prefeito, o professor. Isso porque humano tem uma abertura natural para Deus. A alma humana é imortal e o ser humano é espiritual. O sacerdote é o "especialista de Deus", o perito nas coisas espirituais, o mestre de valores humanos, o médico da alma, o representante de Jesus. Todas as religiões têm seus sacerdotes, pastores, religiosos, gurus, diretores espirituais, guias da alma, conselheiros.

Vemos assim que é um ato de justiça e de respeito pela pessoa humana a questão vocacional, pois toda vocação é para a missão. O padre não é padre para si, mas para os outros. Quanto bem o padre faz para a família, as crianças, os jovens, os idosos. Ele é um benfeitor da humanidade.

Por outro lado, Jesus mesmo deixou a sua Igreja nas mãos dos doze apóstolos que Ele mesmo educou e preparou. O padre é quem leva em frente a encarnação de Jesus. Ele é um "outro Cristo". É amado, chamado, consagrado e enviado pelo próprio Jesus com a missão de ser o servidor do povo, o promotor da dignidade humana, o portador dos meios de salvação. É homem de Deus para o povo, é o portador da graça.

Precisamos de padres. Isso exige que todos sejamos envolvidos na revitalização vocacional. Sim, vamos rezar pelas vocações, mas precisamos envolver as famílias, os jovens, as crianças, as lideranças, as pastorais e movimentos, os párocos, o presbitério, os religiosos e religiosas, os diáconos, para deslanchar uma revolução vocacional até conseguirmos criar uma "cultura e empatia vocacional". Isso está exigindo de nós um salto vocacional, um entusiasmo e uma mística vocacional, até que se organize um *marketing* vocacional permanente.

Esperamos chegar a uma capilaridade vocacional, uma vocacionalização das pastorais, onde todos formaremos um "mutirão vocacional". Isso tem um preço: atrair a infância missionária, os coroinhas, as crianças da Primeira Eucaristia, os catequizandos, os grupos de jovens, as universidades, as escolas e os profissionais.

Urge tocar nos ombros dos jovens e motivá-los no seguimento a Jesus. É preciso apontar, falar, questionar, atrair, conquistar os vocacionados. Vocação tem tudo a ver com atração. Os pais e os padres são os primeiros promotores vocacionais. Promover vocações é uma urgência para toda a Igreja e uma "prioridade presbiteral inadiável". Um presbitério alegre e unido é propaganda para vocações sadias, servidoras.

Sem padre não há Eucaristia, apaga-se a luz do sacrário, o altar vira uma mesa qualquer. Sem padre não há absolvição dos pecados e o povo de Deus é prejudicado tanto na pastoral como na vida espiritual e existencial. Jesus teve compaixão do povo porque eram ovelhas sem pastor. A Pastoral Vocacional é um gesto de amor pela glória de Deus e de compaixão com o povo.

Bullying vocacional

Por ocasião do Ano Vocacional de 2019 vamos agora refletir sobre um tema muito atual que é o "*bullying* vocacional". Hoje não há só a crise dos vocacionados, mas a "crise dos que chamam". Nós bispos, padres, religiosos, religiosas e fiéis estamos muito acanhados e silenciosos diante do desafio vocacional. Estamos assim dando espaço e força para o *bullying* vocacional. É hora de reagir.

1) ***Bullying* dos colegas** – Um jovem tem receio de dizer que quer ser padre porque leva logo uma vaia, ganha apelidos, é vítima de gozações e até humilhação.

Lembremos que toda vocação passa por provações. É preciso remar contra a corrente. O primeiro problema a enfrentar é o da sexualidade, do celibato, da não constituição de uma família.

Todas as vocações têm seu lado de renúncias, sacrifícios, exigências. Uns mudam-se para países distantes, outros migram para centros urbanos, outros trabalham e estudam gastando energia e passando por estresse.

A cultura machista, a sociedade erotizada, a cultura secularizada e a mídia permissiva fazem a cabeça massificada da juventude e, com tudo isso, o *bullying* vocacional é fortalecido.

Diante deste fato, o vocacionado precisa selecionar suas amizades, participar de grupo de jovens, procurar orientação vocacional. Quantos vocacionados encontram apoio, estímulo e ajuda de tantas pessoas que são verdadeiros anjos vocacionais.

2) **Bullying dos familiares** – Muitos vocacionados evitam falar de vocação em casa porque pais, irmãos, parentes são os primeiros a desanimá-los com uma série de impedimentos, dificuldades, gozações. Quantos sacerdotes, religiosos e santos enfrentaram clima negativo da família para defender e confirmar sua vocação. É preciso tomar a cruz.

A cruz do *bullying* é uma das mais perversas porque julga, projeta conceitos falsos, usa as armas destrutivas da crítica, da humilhação, da mentira. Só com muita oração, muita leitura orante, boas amizades e orientação de pessoas competentes e o bom testemunho dos sacerdotes se vence estes desafios.

3) **O *bullying* da sociedade** – Acentuam-se mil caricaturas do padre. Eis algumas: grosseiro, tradicionalista, moderninho, homoafetivo, dependente da mãe, liberal etc. Em nossas casas e nas rodinhas dos bares, churrascos, almoços, um dos assuntos mais comentados é depreciar a Igreja e falar mal dos padres.

O padre é alvo de projeções irreais. Uns o julgam santo, perfeito, puro. Outros projetam sobre eles as piores caricaturas que na realidade constituem um "*bullying* cultural". O vocacionado se torna vítima de tudo isso.

Com os olhos fixos em Jesus, com o exemplo positivo da maioria dos sacerdotes, com o apoio das pessoas de fé, com a ajuda da Pastoral Vocacional, com a graça de Deus e o poder da oração, a vocação provada se afirma, cresce e se confirma.

O *bullying* é um desrespeito pela dignidade da pessoa, é um veneno para o vocacionado, é um prejuízo para a Igreja, é uma ofensa a Deus que escolhe quem Ele quer, é uma atitude desumana e anticristã. Tenha coragem de reagir diante de qualquer tipo de *bullying*. Nossa missão é a de incentivar, motivar e animar os vocacionados.

Jesus, modelo de animador vocacional

1) **O olhar de Jesus** – Os vocacionados eram tocados pelo olhar de Deus, o olhar de Jesus. Ele viu Pedro na praia, viu Natanael debaixo da figueira, viu Tiago e João consertando as redes, viu Levi sentado no telônio, viu Zaqueu sobre a árvore. No olhar de Jesus, o vocacionado sentia-se acolhido, chamado, amado. A vocação começa com a experiência do olhar amoroso de Jesus que é expressão do amor de Deus Pai.

2) **A proximidade de Jesus** – Jesus se aproxima, pergunta, fala, interroga. O vocacionado é tocado pela presença e pela proximidade de Jesus. Ele dá o primeiro passo, se antecipa, vai ao encontro, aproxima-se. Ele percebe a realidade, a vida, a história do vocacionado. Ele é o grande motivador de vocações porque vai ao encontro, tem iniciativa.

3) **A Palavra atraente** – Jesus aproxima-se e dirige a Palavra, inicia o diálogo, estabelece o encontro, cria vínculo de amizade, de atração pelas coisas do Pai. Jesus atrai pelo seu jeito de ser e pela palavra. Ele interpela o vocacionado.

4) **A transparência de Jesus** – Ele não esconde a cruz, a renúncia, o sacrifício, as exigências da vocação. Ele é leal com o vocacionado e mostra os meios de vitória e perseverança na vocação. O vocacionado não é iludido, é motivado por Jesus.

5) **Jesus chama pecadores** – Chama pessoas defeituosas, limitadas, fracas e apresenta os remédios para a cura, a conversão, a mudança do coração. Jesus abre as portas para a solução e supera-

ção dos problemas do vocacionado. Ele mostra como as fraquezas podem jogar o vocacionado nos braços do Pai, torná-lo mais humano, misericordioso, compreensivo e compassivo. Isso gera no vocacionado esperança e infinita gratidão, pois tudo é graça. A experiência da fraqueza estimula o desejo e o anseio pela santidade.

6) **Jesus acompanha o vocacionado** – É preciso estar com Jesus, aprender com Ele, ter seus sentimentos, critérios, atitudes. Jesus mostra que a vocação é para a missão e vai corrigindo, educando, preparando, formando o vocacionado. Tem muita paciência no processo educativo, respeita as etapas e a liberdade da resposta do vocacionado.

7) **Jesus reza pelos vocacionados** – Pedro, rezei por ti para que tua fé não desfaleça, diz Jesus. Ele passa a noite em oração para a escolha dos apóstolos. Ele pede oração ao Senhor da messe para que não faltem operários e pastores para o povo.

8) **Jesus seleciona os vocacionados** – Ele coloca condições para segui-lo. É Ele quem escolhe o vocacionado. O homem curado de Gerasa (Mc 5,19) queria seguir Jesus, mas Ele não deixou e disse: "Volte para casa e anuncie o que o Senhor fez contigo". Vocação é chamado de Deus, resposta do homem e condições para ser discípulo. É preciso ter consciência das condições para vocação sacerdotal e religiosa. Quem não tem condições de ver sangue não pode ser um cirurgião, quem tem medo de altura não tem condições para ser piloto de avião. Na questão vocacional as condições são importantes.

Papa Francisco e o seminarista

No dia 6 de julho de 2013, o Papa Francisco se encontrou com seminaristas do mundo inteiro, por ocasião do Ano da Fé. Suas observações junto aos seminaristas ainda são de muita serventia e vamos aqui registrar as principais ideias e reflexões do Santo Padre.

1) **O seminário é como o tempo do noivado** – Tempo de afirmar a opção definitiva, a escolha e a entrega total de si a Deus. Na cultura do provisório corremos o risco de chegar à ordenação na dúvida, ou só por um tempo, deixando a chave na porta para uma possível desistência. O sacerdócio corresponde aos esponsais, à doação total de si para sempre. O seminário é então o tempo do noivado. O sacerdote que não se sente "pai do seu povo" é um homem triste. A falta de paternidade leva à tristeza. Não se pode imaginar um padre e uma freira que não sejam fecundos. Eis a fecundidade espiritual e pastoral. Da fecundidade brota a alegria.

2) **Pastores da alegria** – A alegria é característica dos consagrados. Esta alegria nasce da fé no amor de Deus que confia em nós e nos chama. Alegria de quem fez a experiência do olhar amoroso de Jesus que diz aos seus escolhidos: "Tu és importante para mim, eu te amo, te chamo e estou sempre contigo". A alegria brota da gratidão do amor de Deus e da experiência do encontro com Ele. O vocacionado experimenta e transmite a alegria porque se sente aceito, compreendido, amado com misericórdia.

A alegria não nasce dos bens. Fico triste quando vejo um padre e uma freira com o último modelo de um carro. Isso não pode. Pensemos nos que morrem de fome e usam meios mais simples. A alegria também não nasce de sensações, do divertimento, do baile, do sucesso. Alegria não é emoção nem satisfação. Isso é superficialidade. Um seminarista demasiado sério, demasiado triste tem algo que não funciona. Não confio em seminarista que diz: "eu escolhi este caminho". Não gosto disso. Não está bem. Há aí um problema em insatisfação, geralmente um problema afetivo, de celibato. Um seminarista, uma freira triste, com cara azeda, não dá sinal de santidade porque na tristeza não há santidade, pelo contrário, tal seminarista se parece com alguém que foi coberto por um cobertor molhado. Onde estão os consagrados deve estar a alegria.

3) **A autenticidade** – Onde há hipocrisia há duas caras. A falta de transparência é uma armadilha. Onde não há autenticidade há repugnância. A autenticidade se manifesta na coerência, não nos interesses. Os primeiros a dar testemunho de transparência e coerência são os formadores. Sejam exemplos de autenticidade, principalmente na pobreza. Seu interesse não deve ser o dinheiro. Ser coerente é reconhecer os próprios pecados. Eu também carrego os meus pecados, mas confio na misericórdia e procuro constantemente a conversão.

Parte importante da formação do seminarista é a confissão. Por isso os seminaristas são chamados a serem transparentes com os confessores, dizer-lhes tudo, sem medo. Dizer a verdade ao confessor nos torna humildes. Não esconder nada, dizer sem rodeios, porque, falando com o confessor, estamos falando com Jesus e Jesus sabe a verdade. Há seminaristas que fazem uma peregrinação de confessor em confessor para esconder a verdade. É preciso transparência. Transparência. Tenham certeza que Jesus os abraça e beija. Portanto, abra a boca e diga: fiz isto, fiz aquilo. Jesus sim fica em silêncio para nos ouvir. Ele nos ouve e do pecado faz superabundar a graça. A transparência abre a porta à graça. Para isso é importante a prática cotidiana do exame de consciência.

4) **A vida comunitária** – Ela é parte integrante da formação. É melhor o pior seminário com vida comunitária, que um sem ne-

nhuma vida comunitária. Comunidade é relação de amizade e de fraternidade. Sem fraternidade, nossas comunidades têm como jaculatória mais comum a bisbilhotice. Isso é terrível. Acaba com o outro. Assim é o nosso mundo clerical: falar mal do outro, ciúmes, invejas que começa assim: "soubeste que... soubeste que"! Tal comunidade é um inferno. Eu me envergonho de ter sido assim. Não fica bem falar mal do outro. Se tenho algo contra o irmão, digo a ele e não aos outros, para não deixá-lo malvisto. A tagarelice é terrível. Por trás da bisbilhotice está o ciúme, a inveja, as ambições. Os problemas, a gente resolve com os formadores, nunca, porém, falando mal do outro. Em comunidade não deve haver isolamento nem dissipação. Precisamos nos educar para a abertura, cultivar a amizade, ser disponível ao encontro com Jesus e com outros. Eis o vosso rumo. Os amigos verdadeiros são poucos, mas a fraternidade é com todos.

Não aprendam o "esporte da lamentação" nem prestai culto à "deusa lamentação". Isso é lamentável. Tenham a coragem de sair de si mesmos na oração e no diálogo. Abram-se à pastoral. Desejo uma Igreja missionária e não acomodada e tranquila. Não tenham medo de ir contra a corrente. Sede contemplativos e missionários. E, por favor, recitai o Rosário. Nunca o descuideis. Tende Nossa Senhora sempre convosco, em vossa casa, como João Evangelista. Rezai por mim, sou um pobre pecador e vamos em frente. Em frente, com alegria, com transparência, com coerência, com a coragem de dizer a verdade, a coragem de sair de si mesmo. Em frente, com fecundidade espiritual. Não sejais solteironas nem solteirões. Em frente, sempre.

5) **Nossa missão: consolar o povo** – O seminário é um belo tempo de experimentar a ternura e a consolação de Deus. Ele é Pai com coração de mãe. Não tenhais medo de ternura e da consolação de Deus. Vossa missão é consolar o povo. A misericórdia e a consolação de Deus aquecem o coração, despertam esperança e atraem para o bem. Tenhais a alegria de levar a consolação ao povo. O que conta é amor. Na evangelização o importante não é a

quantidade de pessoas, nem de recursos, nem o prestígio da instituição. O que conta é o amor. Assim o seminário é: tempo de noivado, tempo de primavera, tempo de semeadura, tempo de descobertas, tempo de discernimento, tempo de lançar os fundamentos!

6) **A cruz** – A cruz é a lógica do amor e da saída de si. Ela nos protege do desânimo e do triunfalismo. A evangelização se faz com os joelhos e a oração nos leva às periferias onde estão os crucificados. Cuidado com o ativismo. Dê o nome para suas cruzes, abrace-as, e carregue-as todos os dias. Jesus nos dá coragem e alegria. Não percam tempo com a bisbilhotice, nem dependam da aprovação dos outros. Não tenham medo de ser alegres e por isso não tenham medo da cruz. A ciência da cruz é uma grande escola.

Como cultivar uma vocação: 10 dicas

1) Reze sempre, sem deixar de fazê-lo, com fervor, diariamente pelas vocações. Nos Estados Unidos, numa pequena paróquia tinha muitos padres. O bispo daquela diocese dizia: "Aqui tem adoração o ano inteiro em todas as paróquias e casas religiosas pedindo operários para a messe".

2) Fale, pergunte e explique aos catequizandos a respeito da sua vocação focando a pessoa de Jesus e o grande bem que um padre é para as famílias e para a sociedade.

3) Não tenha medo de receber uma resposta negativa ou até uma gozação ou irritação de alguém ao apontar e atrair algum vocacionado. Colaborem com os formadores dos seminários na sua missão e ajude um vocacionado pobre.

4) Não pense que Deus dá vocações só para adultos ou só para crianças. Há vocacionados desde o útero materno. Toda hora, toda idade, toda a etapa da vida é hora de Deus chamar. João e André foram chamados às 4h da tarde, na "undécima hora". Moisés foi chamado aos 80 anos. Ordenei um diácono viúvo com 78 anos. É um excelente sacerdote.

5) Visite famílias, escolas, faculdades e fale sobre a vocação de modo simpático, atraente e convincente, cuidando para não ser inoportuno.

6) Fale sempre bem da Igreja, dos seminaristas e dos padres em casa e em qualquer lugar. Mesmo onde há falhas e defeitos por parte das pessoas de Igreja é possível falar e fazer ver o lado positivo.

7) Ajude um vocacionado a dar os primeiros passos: falar com seus pais, orientar-se com um padre, visitar um seminário, ser coroinha, entrar na Infância Missionária.

8) Apoie, participe da Pastoral Vocacional, leia sobre a vocação, conheça a vocação de todas as personalidades bíblicas: Abraão, Moisés, Elias, Samuel, Jeremias, Pedro, João, Paulo. Conheça e invoque santos e santas que foram padres ou religiosas.

9) Motive os pais, parentes e amigos do vocacionado para que apoiem, cultivem, promovam um(a) filho(a), parente vocacionado na família. Muitos vocacionados desistem pelo negativismo dos pais e a gozação dos colegas.

10) Faça de tudo para que o pároco, as lideranças, as pastorais, os movimentos, os grupos de jovens incentivem as vocações. Um ponto-chave para cultivar vocações é a unidade e a alegria dos padres. Um presbitério unido e alegre é propaganda vocacional.

Cultivando homens de bom coração

1) O padre é "um sinal de alarme" para despertar no mundo a primazia de Deus. O sacerdócio corresponde aos esponsais, à doação total de si. O padre é pai do povo. É a "carícia de Deus" para muitos. Ele não vive para si, mas para o bem e a salvação dos outros. Toda vocação é para a missão.

2) O chamado de Deus é pessoal, singular, olho no olho. Não somos um mero caso, nem um mero acaso, "um ninguém". Para Deus, o vocacionado tem um rosto, um nome, uma história. Vocação é um capítulo de amizade, de misericórdia, de audácia de Deus a nosso respeito. Todo vocacionado é "nascido do amor", escolhido, consagrado, enviado para servir o povo, com alegria, portanto, para o lava-pés, para ser "Igreja do avental". Jesus conhece os que Ele chama. Oferece remédio para as feridas, transforma a debilidade em bênção, a vergonha em confiança, a desagregação em harmonia. O vocacionado deve deixar-se trabalhar por Deus através dos formadores. O seminário deve formar pessoas, cristãos, discípulos, consagrados e santos. Formar pessoas, não monstros.

3) O tempo do seminário é tempo de semear boas sementes no coração. É como tempo de "noivado", de esperança, de escolha, de afirmar a opção definitiva. Podemos comparar o seminário ao "útero materno" onde são gerados aqueles que serão um "outro Cristo".

4) É preciso deixar-se formar e modelar segundo os critérios de Jesus de Nazaré. Não cair na tentação do comodismo, da resignação e da moda. Não podemos seguir o caminho da facilidade,

mas, o da fidelidade. Não se contentar com o que agrada. Este é o caminho de quem será um presbítero morno, medíocre, mundano.

5) O vocacionado procura crescer na "diocesaneidade", que é o bom relacionamento com o bispo, com a pastoral diocesana e com os presbíteros. Saiba evitar o isolamento. Com grande alma e coração aberto, aprenda articular no cotidiano a oração, o estudo, a vida comunitária. Assim, teremos homens espirituais e pastores misericordiosos. Desde agora, aprenda ouvir o que a Palavra diz sobre os pobres e caminhar na estrada da simplicidade.

6) Pela contemplação os vocacionados entram no coração de Deus. Quem sobe até Deus, desce até ao irmão para lavar as feridas. Ser padre é conformar-se ao Coração de Jesus misericordioso, ser amigo dos pobres e lançar fora o espírito de murmuração, evitar a duplicidade e a hipocrisia. Haja esforços para adquirir a sabedoria do coração que consiste em sair de si, ser solidário, saber aproximar-se dos outros de modo especial, dos diferentes.

7) A Igreja acolhe os vocacionados e louva a Deus pelo dom da vocação. A formação dos futuros presbíteros deve levar o formado a romper com as fragmentações, discernir os enganos, mudar estilo de vida e de mentalidade, para que o processo educativo forme pessoas maduras, cristãos autênticos, filhos de Deus, discípulos missionários e consagrados. Ninguém se arrogue ao direito de ser ordenado em base a aspirações pessoais.

8) O vocacionado que deixa Deus agir nas suas debilidades, limites, feridas e cuida para não encobrir as fraquezas e misérias não vai cair no ativismo, na falsa aparência, na hipocrisia. Tudo o que se esconde debaixo do tapete e não se resolve, a vida devolve. É melhor uma diocese vazia de padres do que cheia de padres vazios. O formando que é transparente com os formadores e com os confessores faz a experiência da misericórdia, aprende a humildade e não cairá na amargura, na lamúria, no desânimo.

9) Cultivemos nos vocacionados uma experiência filial com Maria. Por favor, recitem o Rosário, tende Nossa Senhora sempre

em vossa casa, como João Evangelista. Imitai Maria, procurai "ser como Maria", isto é, orantes, discípulos, irmãos uns dos outros, servidores, visitantes das casas, firmes na hora da cruz e nas tribulações. Sobretudo, cultivai o silêncio a exemplo do "silêncio de Maria". Ela concebeu Jesus na fé. Assim, vossa fé seja a luz a iluminar vossas vidas e vosso ministério.

Vocações com quatro "s"

1) **Sadias** – Seminarista e padre sadios significam personalidade madura, equilibrada, com bom-senso. Os vocacionados também precisam ser sadios. O padre sadio cuida da saúde, deixa-se formar, tem desejo de se cultivar, tem coragem de enfrentar suas sombras. Daí a necessidade de um cultivo humano. Quanto mais equilibrado e sadio, mais e melhor o padre saberá conviver consigo, com os colegas, com o povo e com Deus.

O padre é humano, tem suas feridas, e sombras para trabalhar, seus afetos para ordenar. É um médico ferido que aceita ajudar-se para ajudar os outros. Jesus também aprendeu ser humano. O que é fraco, estulto, vil, Deus escolhe para confundir sábios, poderosos, nobres (1Cor 1,26). A graça supõe a natureza.

2) **Sábias** – Um(a) vocacionado(a) precisa de sabedoria. Esperamos dos lábios do sacerdote a ciência. É missão do padre ensinar, evangelizar, educar na fé. O padre sábio tem a capacidade de unir ciência e fé, de organizar a formação do povo e das lideranças e de saber assessorar-se com pessoas gabaritadas nos diversos âmbitos da realidade.

O sacerdote sábio acompanha o jornal, participa da formação permanente, aceita cultivar sua interioridade, dedica-se à leitura, deixa-se afetar pela sabedoria popular, aprende com os próprios erros. Nosso povo precisa de sacerdotes sábios que saibam defender a sã doutrina, responder aos questionamentos, indicar soluções e dialogar com os diversos campos do saber humano. O padre evangeliza também pela competência e a obediência à verdade que liberta.

3) **Servidoras** – Toda vocação é para servir. Servo de Javé, é Jesus o modelo de quem faz de sua vida uma dádiva, uma entrega, uma oblação. Não podemos alimentar uma mentalidade de privilégios, de superioridade e de dominação. As vestes litúrgicas simbolizam o avental do lava-pés. O Crucificado é o mais perfeito exemplo do servidor.

O padre servidor tem *élan* pastoral e missionário, organiza o atendimento dos pobres, evita o acúmulo de bens, o espírito do lucro. Vive com simplicidade, sobriedade e desapego. O padre servidor dedica tempo ao seu povo, atende os chamados e necessidades e alegra-se com as responsabilidades que lhe foram confiadas, é um verdadeiro pastor.

4) **Santas** – A vocação à santidade é para todos. Padres santos marcaram nossas vidas. Eles atraem e convencem porque falam através do testemunho. São padres de oração, buscam o Sacramento da Confissão, adoram Jesus no sacrário, cultivam o amor a Maria e aos santos, abraçam a cruz, sabem perdoar e ter paciência. Os pecadores, os pobres, os pequenos, os enfermos são seus tesouros. São severos consigo mesmos e compreensivos com os outros. Deus é palpável e visível em suas pessoas.

O maior bem que o padre faz à Igreja é a santidade de vida. Eles procuram Deus em todas as coisas e são zelosos pela glória de Deus e o bem da humanidade. Disciplina, violência e penitência os tornam humanos, disciplinados e santos. O padre santo é um tesouro inestimável para a Igreja e o mundo.

É Deus quem chama

Toda vocação é iniciativa divina, chamado de Deus. É um convite. Deus chama quem Ele quer. "Eu vos escolhi" (Jo 15,16). Deus chama pelo nome e "conhece o que há no homem" (Jo 2,25). A vocação requer resposta de fé, resposta humana livre. Esta resposta se expressa em nova opção de vida, num redimensionamento da existência. A razão da vocação é a missão. Deus chama para uma missão. É um acontecimento de salvação. Portanto, vocação, missão, santificação e salvação são quatro fundamentos do chamado divino. Cabe à Igreja reconhecer a vocação. Não basta sentir o chamado e dar a resposta, é preciso que o vocacionado tenha condições para o chamado. Cabe à Igreja o discernimento. O vocacionado é chamado, preparado, consagrado e enviado. As fases do seguimento de Cristo são: responder ao chamado, estar com Ele, ir evangelizar. A vocação exige doação total. Inicia-se um novo modo de vida e um novo compromisso. É uma opção fundamental.

Deus usa muitos meios e modos para chamar. O meio mais comum é a palavra. São muitas as mediações do chamado. Deus chama especialmente através das necessidades e sofrimentos do povo. O vocacionado percebe sinais de vocação: a salvação das pessoas, o gosto pela celebração eucarística, a oportunidade de ajudar as pessoas, a vontade de pregar a Palavra etc. Sente um fascínio, encantamento, maravilhamento por algo. A família é o ambiente mais propício para o incentivo vocacional. Depois vem a escola, a comunidade, a catequese, os grupos de jovens, as pastorais, a história de cada um. As pastorais afins à pastoral vocacional são: pastoral da família, da juventude, pastoral da Crisma. Deus se compromete a estar sempre com o vocacionado. A graça nunca vai faltar. Deus se responsabiliza pelo seu vocacionado. Toda vocação é provada. Precisa de oração, de apoio, de acompanhamento. O vocacionado passa por um processo de amadurecimento, de formação. A pessoa do pároco tem muita influência no chamado vocacional, como também os outros padres. Um padre fiel e feliz é propaganda de vocações.

A alegria e o testemunho de vida das religiosas são preciosa fonte de vocações femininas. As comunidades religiosas onde o(a) vocacionado(a) vai conviver devem colaborar positivamente na perseverança dos membros da comunidade. A vocação é cultivada pelos pais, pelos amigos, pela comunidade, pela oração, pelo incentivo das pessoas, pelos colegas de seminários ou de vida religiosa, pelos superiores e professores. Toda a comunidade ajuda no processo vocacional. Jesus ia ao encontro dos vocacionados. Toda paróquia deve ter sua equipe vocacional, mas todos devem se envolver com as vocações. É preciso abordar as pessoas, perguntar, apontar, questionar, estimular: "Você já pensou em ser padre, religiosa?" Em nossos ambientes familiares e eclesiais devemos falar bem dos sacerdotes, religiosas e seminaristas.

Para ser vocacionado(a) ninguém precisa ser perfeito, nem anjo, mas deixar-se moldar, converter-se, mudar para o melhor. O vocacionado deve interiorizar valores. Vocação não é busca de gratificações, de realização pessoal, mas de doação de si. Ninguém é chamado para si mesmo, para abraçar um *status*, uma honra, mas para seguir Cristo, servir, evangelizar. Vocação não é profissão, mas chamado à missão. Antes de se preocupar em ser padre ou religioso/a, o vocacionado é chamado a ser pessoa humana, filho de Deus, discípulo de Jesus. Chamado a ser humano, ser cristão, ser consagrado. A grande vocação de todos é à santidade. O povo de Deus é um povo sacerdotal. Porque Deus ama seu povo, chama os sacerdotes e religiosos/as para servir, animar, evangelizar seu povo sacerdotal. O sacerdócio número um é o de Jesus, o sacerdócio número dois é o do povo, o sacerdócio número três é o ministerial. Todo(a) vocacionado(a) é pessoa de Deus a serviço do povo e homem e mulher do povo, a serviço de Deus.

PARTE II

Vida e ministério

A inveja

O invejoso olha enviesado, não olha de frente, tem olho mau. É sutil, sinuoso como a serpente, sempre olhando sobre os outros, fazendo comparações, desejoso das coisas alheias. É próprio do invejoso querer anular as diferenças, criando rivalidade, ataque e destruição. Caim teve inveja de Abel e o matou. O menino tem inveja do pai em relação à mãe e tenta "anular o pai". Freud ensina que as mulheres têm inveja dos homens.

Inveja é um pecado capital que consiste em destruir o outro, um desgosto em ver o bem do próximo, uma tristeza por causa do bem alheio, um desejo de igualar-se aos outros. O invejoso não tem sossego, "morre de inveja", sente infelicidade diante da felicidade dos outros ou felicidade diante da infelicidade alheia.

O invejoso tem um comportamento infantil. Usa do disfarce, criticismo e camuflagem para atacar e destruir. Ainda mais, leva uma vida amarga, ataca pelas costas, apaga o brilho do outro, faz os outros sofrerem e sofre ele mesmo. É como urubu da desgraça alheia. Alegra-se com a infelicidade até dos amigos. É uma pessoa destrutiva. Não aceita as diferenças, quer nivelar tudo.

A inveja é um desejo de ter, possuir, apropriar-se. "Pela inveja a morte entrou no mundo" (Sb 1,13). É um mal destruidor em dupla mão: destrói os outros e o próprio invejoso. É um pecado que se caracteriza pela tristeza do bem alheio, desejo de posse e anulação dos outros.

Da inveja nasce o ódio, a maledicência, a calúnia, a tristeza. Trata-se de um pecado capital, isto é, fere a essência e a estrutura da vida. É um sentimento gerador de morte, uma atitude destrutiva. Para Santo Agostinho a soberba é a mãe da inveja que dá à luz péssimas crias. Define ainda a inveja como ódio da felicidade alheia, pois se alegra com a desgraça alheia e se atormenta com o bem do próximo. O invejoso não pode amar, pois "a caridade não é invejosa" (1Cor 13,4). Se invejas, não amas e não terás paz, porque invejar é colocar-se acima dos outros.

Para superarmos a inveja é preciso respeitar a diversidade de dons, a diferença, o pluralismo. Os dons alheios são para o bem comum. Deus é o doador dos dons. Ele precisa ser respeitado na sua liberdade e na sua vontade em distribuir seus dons. Somos complementares, ou seja, vivemos na interdependência, precisamos uns dos outros. O jardim é belo pela diferença das flores, a música é agradável pela harmonia dos diferentes sons. Os dons alheios são um bem para nós. No lugar da inveja, haja aceitação do outro, gratidão e alegria.

Venceremos a inveja com a benevolência: querer o bem do outro, é o amor ao próximo. Ter espírito de competição, desejo de igualar-se aos outros, não é inveja, é emulação. Os dons e bens alheios nos estimulam a melhorar, crescer, vencer, sem querer diminuir ninguém, sem prejudicar. Livres da inveja viveremos em paz, mansidão e alegria.

A missão do padre

O sacerdócio é uma invenção de amor do Coração de Jesus. A vida de um padre é um ciclo de sacrifício e alegria. O padre existe por ordem de Deus (1Tm 1,1) e em favor dos homens. O sacerdote está a serviço da nova humanidade em Cristo e o sacerdócio harmoniza em si grandes cargos e profundas alegrias. Não é honra, é responsabilidade.

O padre é ordenado para colaborar com Deus na ordenação do mundo numa economia da doação de si. O padre é chamado a superar a economia de mercado para uma economia da dádiva, do altruísmo, do voluntariado, da solidariedade. Por isso cabe aos padres serem "pastores do ser". Ajudar cada pessoa a ser ela mesma e igualmente formar comunidades de esperança, de confiança, de misericórdia. O padre tem simultaneamente o coração de mãe e de profeta. Ele é servo de um horizonte sem fronteiras e sua vida está ligada a um mistério insondável de amor.

A ordenação não imuniza o padre de fraquezas, erros e pecados. Os padres também são "médicos feridos", porém, maior é a graça. Na verdade, ser padre é um milagre da graça, é ser um milionário da graça. Cabe ao padre ser um audiovisual do amor de Deus, mesmo sendo argila frágil. Ele é administrador dos mistérios de Deus, eleito pela misericórdia e providência divina, para ser no mundo sentinela do Reino de Deus.

O sacerdócio tem todas as características de um romance de amor onde acontece traição, perdão e o eterno recomeçar. A ordenação é bênção e luta. Todo padre é um contentamento e alegria de Deus porque lhe foi dado o poder de perdoar pecados e o poder de servir os irmãos. Assim, o sacerdócio é um reservatório de alegrias. O padre é um presente que o Pai dá à Igreja e ao mundo.

Profeta e pastor o padre tem a obrigação de ser homem de Deus. Homem fonte. O povo quando vai à padaria quer pão, à farmácia quer remédio, ao açougue quer carne. Quando vai ao padre o povo quer Deus. Quem é por Deus, batalhará também pela vida e pelos direitos humanos, porque a pessoa é imagem de Deus. O padre, discípulo de Cristo pobre, casto e obediente, colocará suas energias a serviço da evangelização, especialmente do amor preferencial pelos pobres com os quais Jesus quis se identificar.

Por isso, o sacerdócio não é *status*, lucro, carreira, mas a glória de Deus e o bem das pessoas.

São João Maria Vianney como modelo para o sacerdote

Por ocasião dos 150 anos da morte de São João Maria Vianney (* 04/08/1859), o Papa Bento XVI estabeleceu para toda a Igreja o Ano Sacerdotal (19/06/2009 a 19/06/2010). Vamos conhecer os pensamentos do santo padroeiro dos párocos sobre o sacerdote.

1) **O sacerdócio é o amor do Coração de Jesus**, afirmava São João Vianney. Desde o Antigo Testamento é dito que o sacerdócio vem do coração de Deus. Portanto o padre é expressão e visibilidade do amor de Deus pela humanidade. Entender o sacerdócio a partir do Coração de Jesus é entendê-lo como amor de amizade, amor misericordioso, amor sacrificial, amor de mãe, amor doação e oblação, amor ternura, amor de intimidade, amor extremado, amor inflamado.

2) **O sacerdócio é o maior tesouro de Deus para a paróquia**, dizia São João Vianney. Deus ama seu povo sacerdotal e por isso escolhe, unge e envia pastores que trabalham em favor da comunidade. Um padre fiel, dedicado e feliz pode fazer mais pelo povo do que outras autoridades e instituições. O Sacramento da Ordem é para o ordenado ajudar a ordenação do mundo.

3) **Depois de Deus, o sacerdote é tudo, ensinava São João Vianney**. O sacerdócio é tudo, porque é o lava-pés, é anúncio da Palavra, é instrumento de salvação, é chamado à santificação, é serviço de humanização e libertação, é o seguimento de Jesus. O sacerdócio é tudo porque perdoa pecados e torna possível a con-

tinuidade da encarnação de Jesus na Eucaristia. "Sem o padre a morte e a paixão de Nosso Senhor não teriam servido para nada" (São João Vianney).

4) **Se compreendêssemos o bem que um padre é sobre a terra, não morreríamos de susto, mas de amor**, escreveu São João Vianney. O padre é um bem para toda a humanidade. Ele cuida do corpo e da alma, da Igreja e da sociedade, das coisas de Deus e das coisas humanas. Ele é ponte entre o céu e a terra. O sacerdócio é dom e mistério.

5) **O padre não entende bem a si mesmo, senão no céu**, asseverava São João Vianney. Tão grande é o dom e o mistério do sacerdócio que só será entendido no céu. São Francisco de Assis dizia que se encontrasse um anjo e um padre, primeiro beijaria a mão do padre, porque nele está o Filho de Deus.

6) **O padre possui a chave dos tesouros celestes**, explicava São João Vianney. Que adianta uma casa cheia de ouro se não houvesse ninguém para abrir a porta? O padre possui as chaves dos tesouros celestes, é ele quem abre a porta. Ele é o ecônomo do bom Deus, o administrador dos seus bens.

7) **Deixai uma paróquia durante 20 anos sem padre e lá serão adorados os animais**, alertava São João Vianney. O padre é o primeiro catequista, é o animador da comunidade, é pastor do rebanho, é a alma da pastoral. Sem o padre o povo cai na idolatria e na inversão dos valores pelo obscurecimento da mente e desvio da vontade.

8) **Todas as obras reunidas não igualam ao valor do sacrifício da missa**, dizia São João Vianney. A missa é obra de Deus, as outras obras são humanas. Percebemos a centralidade da Eucaristia e o valor do domingo. A missa não é uma coisa ordinária, é o maior tesouro que o Esposo deixou à sua esposa, a Igreja.

9) **Não é o pecador que regressa a Deus, mas é Deus que corre atrás do pecador e o faz voltar para Ele**, declarava São João Vianney. Deus procura o pecador, o atrai por todo lado. Deus quer

salvar e está sempre pronto a receber, perdoar e recuperar sua criatura e seus filhos pecadores. A torrente da misericórdia tudo arrasta e depura. Deus esquece nossas recaídas para poder sempre nos perdoar.

10) São João Vianney chorava quando alguém era tíbio na confissão: **"Choro porque vós não chorais"**. Só um bárbaro pode se comportar assim diante da infinita misericórdia, explicava ainda nosso santo, o qual dizia: "dou uma pequena penitência aos pecadores, o resto faço eu no lugar deles". As almas custam o sangue de Jesus, a redenção tem alto preço. Daí a necessidade de expiação e reparação. Nosso Santo levou uma vida de mortificação.

11) É **grande desgraça o padre habituar-se ao estado de pecado, à indiferença**, alertava São João Vianney. O padre é homem de Deus, tem o poder de perdoar pecados e a missão de santificar o povo de Deus. Precisa estar em conversão permanente. Que o confessor não esqueça de ser penitente.

12) **Sou pobre como os pobres, não tenho nada**, recordava São João Vianney. Ele viveu fielmente a pobreza, a obediência e a castidade. Queria ser monge para aprofundar-se ainda mais nas coisas de Deus. Viveu a vida mostrando o caminho para Deus.

13) **Jesus nos fez herdeiros do que Ele tinha de mais precioso, ou seja, sua Santa Mãe**, confessava São João Vianney. Era profundamente mariano. Tudo a Jesus, tudo a Maria. Consagrou-se a Maria. Tudo fazia para agradar a mãe de Deus, ser filho e discípulo de Maria, "ela deseja ver-nos felizes", costumava dizer.

14) **Como é assustador ser sacerdote**, alertava São João Vianney. Ser padre não é *status*, carreira, autopromoção, privilégio, mas ser administrador dos mistérios de Deus. Quanta responsabilidade recai sobre o sacerdote: consagrar, absolver, guiar o rebanho, ser instrumento de salvação. É assustador a confiança, o amor, a predileção de Deus pelo sacerdote.

15) **Como é lastimável rezar a missa como se fosse algo ordinário**, lamentava São João Vianney. As coisas ótimas correm o

risco de se tornarem péssimas. O que é para salvar acaba sendo ocasião de pecado. Longe do celebrante, a rotina, a mediocridade, o funcionalismo litúrgico. A graça não é barata. A missa não é algo corriqueiro, ordinário, ritual. É preciso celebrar com fé, dignidade e arte.

16) **Como é desventurado um sacerdote sem a vida interior**, comentava São João Vianney. O padre não pode ser profeta mudo, vigia dorminhoco, fonte seca, manancial poluído. Da vida interior depende o ardor missionário. Ele é um consagrado para servir, é homem de Deus. Necessita falar com Deus para falar de Deus.

17) **Se tivéssemos fé, veríamos Deus escondido no sacerdote**, repetia São João Vianney. No sacerdote está o Filho de Deus. Ele age em Cristo, por Cristo, com Cristo. O ser e o agir sacerdotal é na pessoa de Cristo, em nome da Igreja e a favor do povo. O caráter indelével do Sacramento da Ordem vincula o padre a Jesus Cristo, mesmo sendo indigno a celebração sacramental é válida, pela força da consagração sacerdotal.

Clero em constantes renovações

Sempre que a Igreja renova suas energias missionárias ela se volta para seus padres como protagonistas da missão. Na história da Igreja foi assim. É só lembrar: o Papa Gregório Magno, São Francisco de Assis, Santo Inácio de Loyola, Santo Afonso Maria de Ligório, São Vicente de Paulo, dentre outros. A reforma do clero é uma página de ouro na história da Igreja e na vida dos santos.

O Concílio Vaticano II foi uma reviravolta missionária na Igreja. Logo em seguida houve sínodos centralizados na pessoa dos sacerdotes 1967, 1971, 1974, 1990. O Papa João Paulo II escrevia uma "Carta aos padres" por ocasião da Quinta-feira Santa. Bento XVI proclamou a celebração do Ano Sacerdotal (19/06/2009 a 19/06/2010).

A CNBB não ficou atrás. Promoveu dois congressos vocacionais, escreveu uma "Carta aos presbíteros" como fruto da 42ª Assembleia Geral (2004), na qual o tema central foi: "Vida e Ministério dos Presbíteros". A 47ª Assembleia Geral (2009) teve como tema central: "A Formação Presbiteral". Nossos bispos ainda incentivaram a Pastoral Presbiteral, o Encontro Nacional de Presbíteros, a organização dos seminários, os cursos de formação permanente do clero.

O povo de Deus é um povo sacerdotal. Os leigos e leigas recebem o sacerdócio batismal. Para animar, servir, santificar o povo sacerdotal, Deus escolhe seus vacacionados para serem ministros de Cristo, Sacerdote Eterno e do povo sacerdotal. Deus, a Igreja, os santos e o povo amam, reverenciam e admiram seus padres. Por isso mesmo, os corrigem por amor. Quem ama cuida e corrige.

A Conferência de Aparecida impulsionou a missão permanente e continental. Toda esta proposta vai depender do ânimo missionário dos sacerdotes, como pastores, discípulos, profetas e missionários em favor do povo. A lei é esta: padre zeloso, povo ardoroso; padre bom, povo feliz; padre pastor, povo evangelizador; padre profeta, povo consciente; padre orante, povo fervoroso; padre santo, Igreja santa.

A Igreja caminha "com os pés dos padres". Eles estão no coração da Igreja porque vieram do coração de Deus. "Dar-vos-ei pastores segundo o meu coração" (Jr 3,15). Diz São João Maria Vianney: "O sacerdócio é o amor do coração de Jesus". Deus tem um coração sacerdotal. O padre é ferido de amor porque Jesus o chamou de amigo. A amizade com Jesus torna a vida do padre bela, grande e livre. É a amizade com Jesus que arrasta o padre para o sacrário, para o lava-pés, para ação missionária. Tão grande é esta amizade, que Jesus se despede deste mundo dirigindo sua oração sacerdotal ao Pai (Jo 17).

Da amizade com Jesus, o padre cultiva grande amizade com o presbitério da diocese e respeita seu colega padre como amigo de Jesus. Os padres dedicam-se ao povo, levados pela amizade de Jesus, "Tu me amas? Apascenta minhas ovelhas". Toda pastoral é um ato de amor, um ofício de amizade. Três amizades marcam a vida do padre: amizade com Jesus, amizade com os colegas padres e amizade com o povo. A missão é uma experiência de amizade. Por outro lado, a amizade entre os sacerdotes cativa as vocações.

A renovação da Igreja se vincula à renovação do sacerdócio. Precisamos de padres com quatro "s": sadios, sábios, servos e santos. Nada melhor para a Igreja e para o mundo que a santidade do clero. Sabemos que 96% dos padres são fiéis à sua missão. Temos padres santos, profetas, missionários e pobres. Destes a imprensa não fala e são a grande maioria. Eles são coerentes com aquele que foi o lema do Ano Sacerdotal: Fidelidade de Cristo, fidelidade do sacerdote. Como é bom ser fiel em tudo. A fidelidade é a expressão concreta do amor e da verdade.

Nossa história pessoal é marcada pela pessoa de sacerdotes fiéis e santos. Muitos padres e vocacionados sentiram-se chamados ao sacerdócio pelo testemunho de um padre, um pároco que influenciou suas vidas e sua decisão. Ser padre não é uma honra, é dom e mistério. Todo padre é um milagre da graça divina, tirado do meio humano para as coisas que dizem respeito a Deus.

O servidor do povo sacerdotal

O sacerdote está a serviço da nova humanidade em Cristo, diz o Concílio Vaticano II (*OT* 17). O mundo precisa saber que é amado e salvo pelo ministério sacerdotal. "O padre vem do coração de Deus e leva Cristo ao coração do mundo" (Bento XVI). O padre é consagrado para servir o povo sacerdotal. As Escrituras Sagradas convidam os sacerdotes a revestirem-se de justiça, de santidade e de Cristo Jesus. Quem tem fé, "vê Deus no padre". Dizia São Francisco: "Vamos honrar, temer e amar os sacerdotes porque neles está o Filho de Deus". O padre é a visibilidade do amor de Deus, sacramento do Bom Pastor.

A Igreja tem necessidade de padres santos, que se deixam conquistar por Cristo Jesus e se tornam seus íntimos amigos. Padres que vivem por Cristo, com Cristo e em Cristo. Padres que agem na pessoa de Cristo, em nome da Igreja e em favor de todos. Homens de esperança, de reconciliação e santificação que descobriram a beleza e a alegria da vocação. O padre que crê no amor de Deus vence a ingratidão, a rejeição, a rebelião das pessoas. São como cana-de-açúcar, quanto mais triturados, mais doçura emite.

O sacerdócio é o amor do Coração de Jesus, recorda Bento XVI. Jesus quer o coração do padre. Quer uma amizade de coração a coração, para que Ele, Jesus, seja o "coração dos corações humanos" e seja o "coração do mundo", através do coração sacerdotal. As fraquezas do padre devem conduzi-lo ao Coração de Jesus.

O padre é o homem do coração inflamado, encantado e fascinado por Cristo Jesus, que o alcançou, conquistou, fascinou. É preciso conservar esta comoção interior para não cair na rotina, na burocracia, no funcionalismo. O padre é aquele que se deixa perder em Cristo e se torna ele mesmo hóstia viva, sacrifício agradável, oferenda perfeita. "Como é assustador ser sacerdote", diz Bento XVI, citando São João Vianney, mas, como é desventurado um sacerdote sem vida interior. O padre não pode prejudicar aqueles que ele foi chamado a salvar. Que os sacerdotes assimilem o "Eu" de Jesus, seus critérios, seus sentimentos, suas atitudes. O padre deve transpirar Cristo.

Jesus tem sede de padres que tenham a coragem de ser santos, mesmo sentindo-se "médicos feridos". Antes de consagrar o padre é algum consagrado. Todos queremos bons profissionais, o povo tem direito a ter bons padres. A renovação da Igreja está vinculada à renovação do sacerdócio, dar-lhes Deus e seu reino.

O padre, seguidor de Jesus, depende dele nos gestos, nos comportamentos, nas palavras, nos desejos, nos projetos. A pessoa humana do padre manifesta o mistério do amor de Deus. No vaso de argila que é o sacerdote está o amor exagerado, extremado, demasiado de Deus pelo mundo. A ovelha não faz a lã para si, a abelha não faz o mel para si. O padre não existe para si. Ele é de Deus para o povo.

Qualidades humanas a serem cultivadas

O padre é uma pessoa de carne e osso. É humano e irmão de todos em Adão. Para a evangelização é necessário o cultivo das qualidades humanas porque a "graça supõe a natureza". A humanidade de Jesus cativou os santos e discípulos do Senhor. Ele passou trinta anos em Nazaré aprendendo a ser humano, crescendo em idade, sabedoria e graça.

O Concílio Vaticano II elencou seis qualidades humanas do padre que agora passamos a refletir. Vamos ajudar nossos pastores a serem maduros e sadios humanamente para serem a visibilidade do amor de Deus pelo mundo.

1) **Bondade de coração** – Significa, ter paciência e compaixão, saber receber e dar afeto, cultivar a misericórdia e a sensibilidade humana. Nós padres temos fama de sermos agressivos, grosseiros, racionalistas, frios. A bondade de coração é para sermos mais humanos, compreensivos, acolhedores e mansos. Bondade é fineza, altruísmo, tolerância.

A bondade é um reflexo do Sumo Bem, Deus. É bom ser bom. O bom, o bem e o belo se assemelham. A bondade e a beleza se atraem. Para sermos bons, precisamos nos deixar amar por Deus, ter autoestima e promover os outros. Bondade não é permissividade, é ternura e vigor.

2) **Sinceridade** – É sinônimo de coerência, transparência e veracidade. É ser amigo da verdade e autêntico, através da integri-

dade de vida. Sinceridade e fidelidade são gêmeas. Não é sincero quem se esconde atrás das máscaras, aparências e poses e assim desposa a mentira e a falsidade.

A pessoa sincera atrai a confiança e a confidência das pessoas. Admite seus erros e procura a correção. Cumpre seus deveres. Não encobre faltas e pecados. Não oculta a verdade e tem zelo pela retidão. Sinceridade e retidão do coração agradam a Deus e facilitam a paz e a convivência humanas.

3) **Coragem** – É força de espírito para permanecer e vencer situações difíceis e penosas. É a fortaleza de ânimo para suportar sofrimentos sem tristeza e abatimento, é força para conseguir o bem árduo e empreender obras. A coragem nos leva a persistir no bem mesmo sendo incompreendidos e perseguidos, é superar conflitos e revestir-se de resistência.

A coragem vem da fé que supera os medos e a timidez. Pessoas amadas são corajosas como as pessoas de fé, que vencem a mediocridade e suportam dores com serenidade e alegria. Precisamos de coragem para ser o que somos e para sermos melhores do que somos. A coragem supera a murmuração, a lamentação, o vitimismo, é ter firmeza permanente que leva a rezar pelo inimigo, a dominar o medo da morte, a arriscar e enfrentar as dificuldades e combater o bom combate. Coragem é a força do amor e do coração.

4) **Constância** – É a força de vontade, a permanência na decisão tomada, o empenho e compromisso com as responsabilidades, é a persistência frente a promessas, compromissos, deveres. Constância é capacidade de perseverar e de recomeçar o que requer disciplina interior, oblação de si, renúncia e firmeza.

A constância remove dificuldades, luta contra obstáculos, permanece na provação com serenidade, vence resistências, combate omissões. Mostra zelo e interesse, opondo-se à apatia, desânimo e mediocridade. Graças à Constância, alcançamos as virtudes, crescemos na santidade, aprofundamos a conversão, salvamos as boas obras e o bom fim e salvação eterna.

5) **Cultivo da justiça** – É o amor social, a opção pelos pobres, a defesa dos direitos humanos e a promoção da pessoa. O cultivo da justiça tem sua força no profetismo, na Doutrina Social da Igreja, no amor fraterno, no testemunho do bom samaritano.

A fome e a sede de justiça como a implantação do Reino de Deus estão no coração do Evangelho e constroem a sociedade fraterna e solidária.

6) A **gentileza** – É tudo o que contribui para o bom relacionamento, a comunicação, a cortesia e a convivência social. Os bons modos, o bom-senso, os relacionamentos sadios são expressões da fineza. O padre é um homem de comunhão, um homem público. Não pode ser áspero demais nem suave demais, depreciador de uns e favorecedor de outros. A fineza leva a evitar excessos, a ser cordial e comunicativo, saber escutar e dar importância às pessoas. Eis o poder da gentileza, isto é, de fazer o bem.

Ativismo e mística na Igreja

O ativismo aumenta a distância entre o que se diz e o que se faz; há profundas incoerências e inconsistências, verdadeiros desacordos e contradições entre ser e o fazer. O ativismo impede a oração, o silêncio, o estudo, a conversão. Nem sequer se deixa tempo para o descanso e o lazer. O ativista vive num círculo vicioso: o aumento das atividades impede a vida interior; por outro lado, a falta de espiritualidade tende a compensar-se no ativismo desenfreado. O ativismo, enfim, é desculpa do "escapismo".

A distorção maior do ativista é colocar sua esperança nos meios de ação, na eficácia técnica, nos planejamentos racionalizados. Com isso o apóstolo se transforma num profissional que multiplica iniciativas, mas sem perguntar se esta é vontade de Deus, inspiração do Espírito, apelo de Jesus, o Bom Pastor. O ativista não trabalha ao ritmo de Deus, nem ao ritmo do povo. Não tem paciência nem misericórdia. Com isso, queima etapas e sofre de "impaciência apostólica" que facilmente leva ao desânimo, ao cansaço, ao abandono da posição de liderança e até ao abandono da Igreja.

Perdemos muitas lideranças que abandonaram a militância apostólica, mudaram de religião, afastaram-se das comunidades porque não cultivaram a espiritualidade, sufocaram a oração, minimizaram a mística. Na verdade, quem abandona a oração abraça a tentação. Por outro lado, as religiões e seitas crescem às custas de sua mística e cultivo espiritual como é o caso do pentecostalismo, das devoções marianas, dos movimentos eclesiais, da Nova Era e outros.

A epidemia do ativismo atinge pastores, professores de teologia, seminaristas de filosofia e de teologia, lideranças da Igreja. Há uma inflação de reuniões, gasto enorme de energias em discussões e até brigas que levam a decepções e rupturas. Pior que isso, percebemos um enfraquecimento das pastorais e uma ausência de coragem profética. No Sínodo da América (1999) o Cardeal Etchegaray descreveu o continente latino-americano como: Não existe outro continente, como este, que se possa revestir do manto cristão; não existe outro continente no qual os sinais evangélicos no povo sejam tão numerosos; não existe outro continente melhor fornecido em matéria de mapas e bússolas pastorais tão precisas. Mas, no agir há inadequações e fraquezas. O que falta? Um encontro vivo com Cristo para superar o desequilíbrio entre o espiritual e o social, para equilibrar o perigoso contraste entre o puro espiritual e o simples social que muitas vezes separa e até contrapõe os evangelizadores que se golpeiam entre si com trechos tirados do Evangelho. Assim, dividimos a pessoa de Cristo, verdadeiro Deus e verdadeiro homem". Percebemos neste relato as profundas tensões da espiritualidade em nível latino-americano.

Outra vez, dentre tantas, quem se levantou em favor do equilíbrio, entre nação e ação, foi Dom Pedro Casaldáliga com um artigo intitulado: "Tudo é Oração"? "Conheço comunidades que foram a pique porque deixaram a oração. Uma politização unilateral pode levar-nos a deixar a oração e entrar no ativismo. A luta não é oração. A luta é luta. Oração é oração. Mas, quem vive em comunhão com Deus consegue viver num estado de oração que permite fazer da ação também uma oração. Mas não basta. A oração exige tempo, lugar, disciplina. Para sermos latino-americanos devemos valorizar mais o silêncio como nossos índios que são profissionais do silêncio. Nossa oração deve ser como a de Moisés, levar-nos a subir e descer a montanha. Um agente de pastoral que não faça diariamente meia hora de oração individual, além da comunitária, não tem gabarito suficiente de agente de pastoral".

Está chegando a hora do discernimento, do bom-senso, do equilíbrio. É a hora da "desconstrução" dos excessos do passado e de um redimensionamento para o futuro.

Carreirismo, uma velha tentação

Existe carreirismo, busca de cargos, vantagens, *status* em todas as profissões, inclusive na Igreja, infelizmente. Há também carreirismo pastoral, que é autopromoção, pedestal, trampolim para interesses financeiros, políticos e religiosos. É o que chamamos de "burocracia eclesial". O apostolado virou negócio e promoção. As tarefas apostólicas têm que produzir vantagens. Só se trabalha se houver gratificação. Acaba a gratuidade. Busca-se vantagens, interesses, autopromoção até para a política.

O carreirista apostólico espera elogios e louvores, promoções e recompensas. Quando não os recebe, interpreta tudo como ingratidão, falta de reconhecimento, injustiça, falta de valorização. Para o carreirista as críticas são perseguição e motivo de desânimo. O trabalho é feito na expectativa última da aspiração a cargos e *status*. O bem praticado é um "bem aparente", ou seja, morre de trabalhar para ser promovido. Se isso não acontece vem o ressentimento, a murmuração, a desestruturação. O carreirista precisa de massageadores do seu ego, de louvores e elogios, sem os quais não pode sobreviver sem cair na tristeza.

Importa ao carreirista ficar bem com todos, agradar, ganhar pontos, ser promovido. Sua preocupação é com a própria imagem, com a repercussão de sua fama, e por isso mostra-se agradável, dialogante, simpático. Cai em ambiguidades mas sempre quer tirar vantagem.

O carreirista costuma fazer acepção de pessoas. Dá mais atenção e dedica mais tempo às pessoas de projeção, de poder e deixa os outros em segundo plano. Até fala em favor dos pobres, mas na prática os despreza. Tem apenas prédica sem prática. Falta a caridade com os simples e pequenos.

O carreirista sofre de "inveja pastoral". Só aponta os erros dos outros e cala os sucessos. Tenta desvalorizar ou até derrubar quem sobressai ou vai bem na pastoral, ou se apressa em correr a copiar o que o outro faz, é mimetista, imita os outros porque isso dá sucesso. Se esta tática não produzir efeito, então vem o cinismo, a rivalidade, a competição. O carreirismo é uma dimensão da busca do poder.

Os apóstolos sofriam de carreirismo. Brigavam discutindo quem seria o maior. Jesus coloca no meio deles uma criança, fala-lhes do servo e do último. O primeiro passo no seguimento de Jesus é: renunciar a si mesmo. Sem um trabalho com o nosso ego profundo, sem espiritualidade e sem o mínimo de conhecimento de si e conscientização das realidades inconscientes, o trabalho pastoral é prejudicado. Não basta saber racionalmente que temos limitações e problemas, é preciso sentir, aceitar e trabalhar nossos sentimentos e emoções. Daí a necessidade de formação e de autocrítica.

O carreirista não internalizou o primeiro conselho de Jesus: "Quem quiser ser meu discípulo, renuncie a si mesmo" (Mc 8,34). Ordenar as afeições desordenadas, trabalhar nossas emoções para alcançar a maturidade é um pressuposto para o apostolado e a missão.

Perdão e compreensão

Antes de tudo, caro(a) leitor(a), quero dizer-lhe que o padre existe porque Deus ama você. O padre é ponte entre Deus e o povo. A palavra "padre" quer dizer pai. Sim, pai da comunidade, amigo de Jesus, irmão dos seus colegas padres, diácono do povo. Se o Papa João Paulo II, durante seu pontificado, fez 94 vezes pedido de perdão, não tenho nenhuma dificuldade em pedir perdão e perdoar nossos padres. Eles não precisam tanto de nossos elogios, mas de nossa compreensão e colaboração. Sem os padres, os bispos nada são, dizia um bispo francês no Concílio Vaticano II.

Que você padre seja o melhor audiovisual do amor do Pai, especialmente para os mais pequeninos. No dia de sua ordenação o bispo rezou para você "carregar o fardo do povo". É a vocação do "padre-cirineu", um padre carregador de fardos, um "padre povoado", um guerreiro do reino. Todos sabemos que a ordenação não suprime as fragilidades e limitações do ordinando. O sacerdote continua após a ordenação sob o peso da fragilidade humana, mas a graça sacramental o sustenta e o torna imagem do Bom Pastor, que dá a vida pelo rebanho. O padre não deve esquecer que ele é um "médico ferido", diz B. Häring. Mas, pela oração, a fraqueza humana se transforma em força. Carregamos o mistério em vasos de barro (2Cor 4,7).

Deus deposita em seus padres um voto de confiança. Por isso os presbíteros serão os primeiros a carregar a tocha da luz, da vida e do calor que emanam do coração de Deus, rumo ao novo milênio. Sejamos homens de esperança e de alegria, sabendo que a inautenticidade prejudica a fé do rebanho. O padre não pode viver uma heresia vital, dizer uma coisa e fazer outra. Hoje o mundo não acredita nos mestres, mas nas testemunhas.

O padre é um "homem matinal", profeta da vida, peregrino em busca da verdade, pois dos lábios do sacerdote esperamos a ciência. Homem caminhante, homem sempre em partida, "homem exodal" que vai ao encontro dos fiéis, evangelizando com a "alegria da páscoa e a coragem de pentecostes", construindo a sociedade nova. Vale a pena recordar o conselho de Paulo a Timóteo: "Tu, homem de Deus, foge dos vícios" (6,11). Deus nos livre de bispos, padres e leigos arrogantes, autossuficientes e carreiristas, que parecendo piedosos querem tirar proveito da religião para benefício próprio e glorificação pessoal. Eis então o que se chama ministério de aparência e do fingimento. O padre constrói mais pelo que ele é do que pelo que faz. O sacerdócio só será compreendido no céu, diz São João Vianney, mas enquanto estamos na terra, amemos nossos padres, porque neles está o Filho de Deus, dizia São Francisco.

Decálogo do presbítero

1) O padre, homem de Deus, não deve economizar o tempo da oração, que é a pior das economias. Nosso povo fica comovido e agradecido quando vê o padre rezar. Nada melhor para a Igreja do que a santidade do clero. O padre é um administrador dos mistérios de Deus.

2) O padre é ordenado para colaborar na ordenação do mundo. Para isso colocará em ordem sua vida, ordenando seus afetos desordenados. O Sacramento da Ordem é para a salvação dos outros, um serviço à comunhão.

3) O padre é homem de comunhão com seus colegas padres na fraternidade presbiteral. É colaborador e cooperador dos bispos e superiores em nome de Cristo, Bom Pastor, e a favor do povo de Deus.

4) O padre é um animador de comunidades a exemplo de Jesus Cabeça, Pastor e Esposo da Igreja. Discípulo do Evangelho, o padre tem o sacerdócio número três. O primeiro é de Jesus, Sumo Sacerdote; o segundo é do povo sacerdotal; o terceiro é o do padre com o sacerdócio ministerial.

5) O padre santifica-se no ministério presbiteral através da caridade pastoral. Sua missão não se limita a uma diocese, mas à salvação do mundo. O padre não pode esquecer que primeiro ele é gente humana, depois cristão e então consagrado.

6) Ser padre não é uma honra, é uma responsabilidade. A vida do padre é um ciclo de sacrifício e alegria. Por isso, precisa da

matéria-prima da amizade, da fé e do amor, pois normalmente o padre é um médico ferido, mas amado e escolhido por Deus que crê, confia e espera no seu ungido.

7) O padre preside a Eucaristia para dar sua vida ao povo; reza a Liturgia das Horas como ampliação da Eucaristia, em nome da Igreja, em favor do povo e pela salvação do mundo. Nada mais glorioso para um padre do que poder dizer: "Teus pecados estão perdoados. Vai em paz".

8) Os presbíteros são devedores a todos, mas de modo particular se ocupa dos pobres, dos pecadores, dos doentes e dos jovens, sendo para eles pai, mãe, irmão, amigo e mestre. E o bom samaritano dos feridos nos caminhos da vida.

9) O padre não consegue praticar tudo o que prega, mas dos seus lábios o povo espera a verdade e Deus mesmo através da fragilidade do ministro transforma as vidas, realiza maravilhas e opera a salvação.

10) O sacerdócio é uma bênção, uma graça, um mistério insondável que vem do coração de Deus que ama o mundo e o salva pelo mistério de seus eleitos. O padre é a visibilidade do amor de Deus para o mundo.

Desejo de onipotência, o complexo original e o padre

Uma criança educada sem disciplina e limites torna-se onipotente. Assume a posição de centro, quer as atenções para si, escraviza os pais, bate pé, vence pela birra, faz o que quer. A onipotência aqui não é culpa da criança, mas desvio na educação, que chamamos "erros de amor". Todo onipotente vira prepotente e depois delinquente.

Adão e Eva são símbolos do complexo de onipotência. Não aceitaram sua condição de criaturas, seus limites, seu barro e quiseram ser iguais a Deus. O complexo de Adão está arraigado em cada ser humano que elege o poder como supremo afrodisíaco. Dominação, exibição, racismo, machismo, são expressões do desejo de onipotência. O mercado globalizado de hoje é onipresente e onipotente. Comporta-se como divindade, esconde seus pés de barro. O ter foi elevado à categoria de endeusamento. A vontade de poder está globalizada. Eis o complexo original.

Outro aspecto do complexo de onipotência se manifesta em atitudes onde as pessoas escondem suas fraquezas, são vítimas do perfeccionismo, vivem o drama da autocondenação por não aceitarem seus limites e não integrarem suas fraquezas. Escondem e rejeitam suas sombras, seu lado fraco, seus pecados. Para manter a aparência há muito desgaste e sofrimento. A onipotência impede a transparência.

Sofre de onipotência uma parte da ciência que não admite a dimensão espiritual de vida, não respeita a consciência, muito menos a existência de um Criador ou Ser Superior. Reduz tudo ao campo da experiência matemática, ao cálculo, e ao mundo material. É o reducionismo científico. De onipotência sofrem chefes de nações que se comportam como déspotas, detentores do poder econômico e político que escravizam a humanidade e são responsáveis pelo empobrecimento do mundo.

Na idade da adolescência, também fazemos a experiência da onipotência. O adolescente se torna independente, acha-se o único, questiona tudo, assume atitudes de ousadia, arrogância e agressividade, confunde grosseria com masculinidade. Sua onipotência, infelizmente, se expressa na teimosia, individualismo, liberalismo moral, velocidade no trânsito, imprudências de todo tipo etc.

Outra manifestação da onipotência encontramos nas pessoas que atribuem a si qualidades divinas. Acham-se iluminadas, inspiradas, intocáveis. Dão conselhos de todo tipo, invadem o íntimo alheio como se fossem infalíveis diretores da alma humana, fazem previsões, leem os destinos, idolatram a si mesmas, fundam religiões, filosofias, instituições que tudo querem curar, tudo querem explicar, tudo querem dominar. É o "complexo de messias", de salvador, de quem se coloca no centro; tudo sabe, tudo resolve, tudo determina.

Complexo de onipotência sofre o alcoólatra, o doente, o viciado, enfim, qualquer pessoa ferida, mas que não aceita ajuda, que não se rende à sua fragilidade, isola-se, fecha-se, resiste. Só ele está certo. Todos os demais estão errados. Pior ainda é quem não aceita a doença, a velhice e a morte por ser vítima do complexo de onipotência.

Muito comum em nossos dias é a ditadura do sucesso. Alimenta-se de concorrência, eliminação dos outros, corrupção, uso de meios ilícitos. O que importa é chegar lá. A isso chamamos de arrivismo. Importa o sucesso, o lucro, o bem-estar nem que seja às custas da eliminação de vidas, de valores, de tradições. A mística do sucesso está na civilização do consumo, na ética da sensação agradável, na satisfação imediata dos desejos, no individualismo exacerbado. Deus nisso tudo foi banido, despejado, excluído porque é um estorvo. A onipotência é um desejo de poder que exclui ou compete com Deus, mas elege ídolos, divindades, endeusamentos que só desgastam, corrompem e entravam o encontro com a verdade que liberta.

Deus e o padre, parceiros inseparáveis

Deus e o padre são parceiros inseparáveis. Desde a criação, Deus é o fôlego do homem e este um cocriador de Deus. Minha carne tem sede de Vós, Senhor, reza o salmista, e Deus tem sede de nós antes de termos sede dele. O homem é sonho de Deus que se fez carne, existe porque é amado desde a eternidade. Isso mesmo, o homem é amado desde que Deus existe, isto é, desde sempre, agora e para sempre.

Deus é o fundamento fundante da existência humana, é a essência da vida, ou melhor, é a "vida de nossas almas e alma de nossas vidas". Deus é mais "eu" que eu mesmo. Ele está mais em nós que nossa própria alma. "Nele somos, nos movemos e existimos" (At 17,28). Somos consanguíneos, seus filhos e filhas, somos deuses por participação na vida divina. Deus e o padre são parceiros inseparáveis.

Decorre daí a necessidade da oração para sustentar a amizade, a parceria, a aliança, entre o padre e Deus. A oração é o face a face, o encontro de duas interioridades, uma experiência de amizade, um drama de aliança. Andar na presença do Senhor, saborear sua bondade, perceber sua providência na vida pessoal e na história é um caminho de humanização e de realização da pessoa humana. Somos poços infinitos que só o infinito pode saciar. Será muito difícil falar de Deus sem falar com Deus.

A ruptura do homem com Deus é o pecado que estabelece divisão, separação, frustração entre ambos. Quando a pessoa abandona Deus, cria ídolos. Sem Deus, nosso eu se impõe com suas mil exigências, vazios, desencantos. No lugar da oração vem a compensação, no lugar da gratuidade vem a gratificação. Começa-se a amar a ilusão que acaba em desilusão. Já foi dito ao homem o que é bom para ele: "praticar a justiça, amar a misericórdia, andar na presença do Senhor" (Mq 6,8). Pelo que vemos, quem se eleva até Deus, desce até o pobre, e quem desce até o pobre, sobe até Deus. No outro encontramos Deus e a nós mesmos. Quem é parceiro de Deus, será parceiro do próximo, especialmente dos pobres. A tradição cristã nos ensinou a parceria entre o amor a Deus e ao próximo. Em nossos gestos de amor, Deus toca o outro. Nosso amor fraterno é mediação do amor de Deus. Somos sacramentos do amor de Deus quando amamos os irmãos.

Parceiros inseparáveis são o amor de amizade para com Deus e amor-serviço para com os outros. A vida nos ensina que o amor é a suprema energia do mundo e o princípio de toda a santidade consiste em deixar-se amar, porque só os amados amam.

A morte é mais fraca que o amor. O amor jamais acabará. É o amor que faz Deus e o padre parceiros inseparáveis. É o amor de Deus que faz os seres humanos serem aliados, parceiros, amigos e irmãos inseparáveis entre si.

Caro padre, Deus não é...

1) ...energia cósmica, universo infinito, arquiteto do mundo, força da natureza. Não podemos confundir Criador e criatura, endeusando a criação e coisificando o Criador. Esta é uma heresia criada pela mente humana que faz da criatura um ídolo, fabrica deuses a seu gosto e o homem torna-se o "criador de Deus", passa a ser "oleiro de Deus".

2) ...consciência universal, enigma indecifrável, sombrio abismo. Deus não é a soma das consciências humanas, uma espécie de superconsciência. Deus é Alguém. Deus é um Tu, Deus é Uno e Trino e tem rosto e nome: Pai, Filho e Espírito Santo. A Trindade é a melhor comunidade e os adoradores da Trindade Santa haverão de construir comunidades, grupos e convivência entre as nações e povos.

3) ...velho barbudo, papai noel, velhinho lá de cima, uma espécie de provedor "bonachão" encarregado de suprir nossas carências. Deus é amor (1Jo 4,16) e na sua Providência governa o mundo como "Senhor da História", libertou seu povo do Egito, sendo defensor dos excluídos cujo nome é "Goel", isto é, Aquele que faz justiça e opta pelos mais fracos: a viúva, o órfão, o estrangeiro. Como juiz da história levará a sério as opções de nossa liberdade.

4) ...a ideia que dele fazemos não é aquilo que desejam nossas descrições nem o que projeta nosso subconsciente. Deus é sempre maior. O mais Além e o mais Aquém. Deus é o Máximo e o Mínimo. Deus é mistério, Aquele que chamamos de "Totalmente

Outro". Divino e humano, transcendência e imanência, sim, Deus é "Tudo em todos" (1Cor 15,28).

5) ...policial justiceiro, monarca tirano, rival do homem, vingador dos pecados. Deus é Pai, Deus é rico em Misericórdia. Deus é Bondade, Paciência, Clemência e Compaixão. O rosto do Pai está estampado no rosto de Jesus. "Felipe, quem me vê, vê o Pai" (Jo 14,9). Deus é o "Cireneu do homem", carrega conosco o fardo da vida. Ele desce, se inclina e lava os pés dos homens; em seu Filho Jesus, ajoelha-se para lavar os pés da humanidade peregrina. Ele veio para servir.

6) ...patriarca, exigente patrão autoritário, padrasto distante, nem paternalista bonzinho a serviço dos caprichos humanos. Deus é Vida, Criador e Senhor da Vida. "Amante da vida." Deus é inefável, tremendo e fascinante, caminha conosco e está acima de nós. É o "Deus das maravilhas", da criação e da redenção.

7) ...impassível, insensível, indiferente como se vivesse folgado nas alturas, longe da história. Deus é Santo, e por isso mesmo Ele é "mundano". "Deus amou tanto o mundo que enviou seu Filho como Salvador do mundo" (Jo 3,16-17). Deus sofre quando nós sofremos porque nos ama, Deus tem coração, Deus é "humano", é Emanuel: Deus Conosco, Deus em nós e acima de nós. Faz sua morada no coração humano (Jo 14,23).

8) ...mero complemento de nossas frustrações ou aspirações, nem fornecedor ou escravo de nossas vontades, nem funcionário de nossos desejos. Não podemos reduzi-lo a uma espécie de "pronto-socorro, tapa-buracos, quebra-galho", a serviço de nossa egolatria. Deus é infinito e eterno. Tu és um Deus por nós, a nosso favor, mas não podemos usar teu Nome em vão, nem manipular teu amor em proveito de nossos interesses egoístas. É preciso um regresso ao primeiro mandamento: Amar a Deus sobre todas as coisas e de todo coração.

Doenças curiais e presbiterais

O Papa Francisco, por ocasião do Natal, falou à Cúria Romana, manifestando as saudações tradicionais de boas-festas. Elencou em seu discurso 15 "doenças curiais", inspirado nos Padres do Deserto que costumavam fazer catálogos ou elencos de questões espirituais. O elenco das doenças vale para a Cúria, para as congregações, os presbitérios, as paróquias, os movimentos.

Iremos aqui transcrever algumas das doenças curiais que valem para qualquer instituição eclesiástica, como afirma o papa. Que possamos tirar proveito espiritual da mensagem do Papa Francisco à Cúria Romana.

1) A doença do sentir-se "imortal", "imune" ou mesmo indispensável – Uma cúria é uma instituição eclesial que não se autocritica, não se atualiza, nem procura melhorar, é um corpo enfermo. Uma normal visita ao cemitério poder-nos-ia ajudar a ver os nomes de tantas pessoas, algumas das quais talvez pensassem que eram imortais, imunes, indispensáveis. Tal doença deriva muitas vezes da patologia do poder, do "Complexo de Édipo", do narcisismo que se apaixona pela própria imagem e não vê a imagem de Deus no rosto dos outros.

O remédio a esta epidemia é a graça de nos sentirmos pecadores e dizer com todo o coração: "Somos servos inúteis; fizemos o que devíamos fazer" (Lc 17,10).

2) A doença do "martismo" (que vem de Marta), do ativismo excessivo, daqueles que mergulham no trabalho, negligenciando a "melhor parte": sentar-se os pés de Jesus (cf. Lc 10,38-42). Descuidar do descanso leva ao estresse e à agitação.

3) **A doença de "empedernimento mental e espiritual**, daqueles que possuem um coração de pedra e uma "dura cerviz" (At 7,51). Estes perdem a serenidade interior, a vivacidade e a ousadia. Escondem-se sob os papéis que representam, tornando-se "máquinas de práticas" e não "homens de Deus". Perdem a sensibilidade humana de chorar com os que choram e de se alegrar com os que estão alegres. Perdem os "sentimentos de Jesus" porque se tornam incapazes de amar incondicionalmente o Pai e o próximo.

4) **A doença da planificação excessiva e do funcionalismo**, que nos torna contabilistas ou comercialistas. Estes querem pilotar a liberdade do Espírito Santo e caem na acomodação das próprias posições estáticas e inalteradas. Não devemos ter a pretensão de regular nem de domesticar o Espírito Santo, Ele é frescor, criatividade, novidade.

5) **A doença do "alzheimer espiritual"**, que é o esquecimento da história da salvação e do primeiro amor. Sofrem desta doença os que perderam a memória do seu encontro com o Senhor e das maravilhas da graça. Ficam presos ao seu presente, às suas paixões, caprichos e manias. Constroem em torno de si muros, costumes e ídolos que esculpiram com as suas próprias mãos.

6) **A doença da rivalidade e da vanglória** – O foco da vanglória são as aparências, as cores das vestes, as insígnias que se tornam o objetivo primário da vida. Isso nos torna homens e mulheres falsos e leva a viver um falso misticismo, um falso quietismo. O Apóstolo Paulo define essas pessoas como "inimigas da cruz de Cristo" que se gloriam da sua vergonha, porque estão presos às coisas da terra. A vanglória alimenta a rivalidade, a concorrência, o carreirismo. Estas pessoas se alegram com as quedas dos outros e se entristecem com o seu sucesso. Pecam contra o Espírito Santo.

7) **A doença da "esquizofrenia existencial"** – São os que vivem vida dupla, fruto da hipocrisia típica de quem é medíocre

e se encontra num progressivo vazio existencial. A estes nem os doutoramentos nem os títulos acadêmicos podem preencher. Estas pessoas se afastam do serviço pastoral, limitam-se às questões lucrativas, perdem o contato com a realidade. Ensinam uma coisa e vivem outra. Começam a viver uma vida escondida e muitas vezes dissoluta.

8) **A doença da bisbilhotice, da murmuração, das críticas** – São pessoas semeadoras de cizânia como satanás que é homicida a sangue-frio. Matam a fama dos colegas e confrades. É a doença própria das pessoas velhacas que não falam na frente, mas pelas costas. Pessoas azedas, com cara de vinagre e sempre descontentes. Livremo-nos do terrorismo das bisbilhotices.

9) **A doença de divinizar os superiores** – São os que bajulam, elogiam e procuram agradar a autoridade, os superiores, para obter vantagens e interesses. São vítimas do carreirismo e do oportunismo. Vivem pensando no que querem obter e não no que devem doar. São pessoas mesquinhas, infelizes, movidas pelo seu egoísmo fatal. O resultado de tudo isso é a cumplicidade, o apego, as segundas intenções.

10) **A doença das pessoas rudes e amargas, a doença da cara fúnebre** – Essas pessoas confundem seriedade com severidade, rigidez, dureza e arrogância. São vítimas da melancolia e do pessimismo. Perderam a alegria, o senso de humor, o espírito jubiloso, o entusiasmo e a gentileza.

11) **A doença dos círculos fechados** – O grupismo começa com boas intenções, mas com o passar do tempo torna-se um cancro que ameaça a harmonia do Corpo de Cristo. Os grupos fechados causam um mal imenso e provocam escândalos porque seus membros se tornam liberais, críticos, independentes e centros de divisão. A pertença ao grupo se torna mais forte que a pertença ao corpo eclesial. São grupos promotores da divisão.

12) **A doença do acúmulo** – O ídolo do bem-estar, do dinheiro, do supérfluo atinge a Igreja, tornando-a pesada e passível da

corrupção. Nossas casas paroquiais, os carros que adquirimos são tentações do lucro mundano, da exibição, do poder, do mercado. Estas pessoas procuram insaciavelmente multiplicar o seu poder com o desejo de aparecer.

Eucaristia, sacerdócio e vocações

Cristo confiou a Eucaristia aos sacerdotes. Estes são os responsáveis por ela. O padre é um homem eucarístico não só pelo poder de consagrar, mas pela suprema entrega de si. O padre não só distribui a comunhão, mas torna-se um agente de comunhão. No dia da ordenação, o bispo reza, entregando as oferendas nas mãos do neossacerdote: "Toma consciência do que fazes, põe em prática o que vais celebrar, conformando tua vida ao mistério da cruz do Senhor".

Jesus quis celebrar a Eucaristia com um ardente desejo (Lc 22,15). Os discípulos de Emaús sentiam arder o coração na fração do pão (Lc 24,32). É com o ardor da fé que o padre deve celebrar. Três Eucaristias devem deixar saudade no coração dos fiéis: a dos casamentos, a dos enterros e a da doença. Toda missa deveria ser celebrada como se fosse a primeira e a única. Missa não é treino, nem improviso. O altar não é palanque nem palco. As missas rezadas rotineiramente são missas de funcionários da Igreja. Em cada missa o padre faz o juramento da entrega de si como Cristo. É a entrega martirial. Isso evita a sacramentalização da Igreja. Da Eucaristia deve brotar uma Igreja eucarística. A missa não acaba no interior do templo. Da missa vamos à missão. A missa é um acontecimento de fraternidade.

Escrevia São João Crisóstomo: "Cristo adorado no altar não pode ser desprezado nos seus membros: os pobres. Não podemos no altar honrar Cristo com vestes de seda e lá fora abandoná-lo no frio e nudez. Que adianta na mesa do Senhor haver cálices de ouro se lá fora Ele morre de fome na pessoa dos pobres? Primeiro dá a quem tem fome, depois enfeita o altar". Assim, da mesa do altar o padre leva para o cotidiano o projeto de solidariedade e o impulso para alterar as estruturas de pecado.

O papa nos convida, sacerdotes e leigos, a analisarmos o modo como tratamos esta Comida e Bebida sagradas. Deus está em nossas mãos. Não pode haver comportamento destituído de respeito, nem pressa inoportuna ou impaciência escandalosa. O sacerdote tem sobre a Eucaristia uma responsabilidade primária. Nossas mãos foram consagradas para consagrar. *Sancta sanctis*, as coisas santas são para os santos. O sacerdote não é proprietário da Eucaristia, por isso, evitará toda arbitrariedade e individualismo no modo de celebrar. Conservará a união com a Igreja observando as orientações litúrgicas.

A Eucaristia é fonte do ardor pastoral, e toda ação pastoral deve convergir para a comunhão eclesial prefigurada na comunhão eucarística. A pastoral nos leva à santidade. Há lugares onde fiéis e pastores foram martirizados por celebrar a Eucaristia, outros passam por situações de perigo pelo fato de celebrarem. Diante deste testemunho dos mártires, celebraremos o sacrifício de Cristo com o coração aberto ao martírio do cumprimento do dever, das fadigas pastorais, das injúrias e humilhações inerentes ao ministério. Assim, a Eucaristia é o céu na terra.

Forças espirituais dos presbíteros

1) **O heroísmo dos mártires** – O martírio é o máximo e supremo testemunho de fé e amor. Vemos nos mártires a alegria em sofrer e dar vida por Jesus; a esperança da coroa eterna, gloriosa, triunfal; a certeza do céu, da eternidade, da ressurreição. Eles se encorajam uns aos outros na entrega de si e chegam a colaborar com os algozes quando estes tremem e vacilam no golpe fatal. A morte dos mártires nunca foi derrota, mas triunfo de Jesus, semente de novos cristãos e novas conversões, portanto, sucesso para a Igreja.

2) **A mortificação dos santos** – A espiritualidade da cruz é antes de tudo o esvaziamento de si, desapego das pessoas e coisas e primazia de Deus através da renúncia, da mortificação. Esta é a luta, o combate, o esforço dos santos para alcançar a purificação do coração. Até os defeitos mais profundos e recônditos são purificados e curados. Os santos têm a consciência de que eles são os maiores pecadores e assim cultivam uma profunda delicadeza de consciência.

3) **O desapego do mundo** – Para quem quiser crescer na espiritualidade o desapego é a primeira condição. De fato, o apego é um afeto desordenado, é uma prisão, um ídolo, um engano. É pelo desapego que se chega à consciência do nosso nada e insignificância, portanto, entramos nos umbrais da porta da humildade. O apego é a raiz de todo sofrimento moral e o desapego é a experiência alegre da liberdade do mal para a prática do bem. Enfim, o desapego é a condição para conseguirmos viver o primeiro man-

damento e a primeira bem-aventurança. Desapego é o nome da pobreza evangélica.

4) **A fidelidade à tradição** – Precisamos conservar os valores, as convicções, os tesouros da tradição sem tradicionalismo. Jesus foi fiel à tradição da aliança, dos mandamentos com fidelidade criativa. Não podemos esquecer a tradição da fé, o credo, a doutrina, das origens da revelação até ao tesouro do Evangelho.

5) **O amor ao sacrifício** – Isso significa a entrega de si, o holocausto, a oblação de si em tudo. Consiste em seguir o cordeiro, tornando-se vítima de expiação e de reparação. Chega a ser oferenda perfeita, sacrifício vivo, imolação. Esta espiritualidade foi segredo dos mártires, dos missionários, dos santos. A dimensão sacrifical da vida cristã tem raiz no sacrifício da cruz e na Eucaristia. Quem alcança esta graça perde o medo de morrer e cultiva cada dia a morte espiritual, a morte mística.

6) **A bênção das fraquezas** – Deus não tira nossas fraquezas, mas faz maravilhas através delas com a ajuda da sua graça. Na fraqueza Deus costuma revelar sua grandeza. Nossas fraquezas nos jogam nos braços misericordiosos do Pai, nos tornam compreensivos com os outros e muito contribuem para o crescimento da humildade. Quando aceitamos nossas sombras temos chance de sermos melhores do que somos.

7) A **eloquência do silêncio** – Saber parar, contemplar, estar a sós, ouvir o nosso próprio interior é uma grande força espiritual. O deserto é fértil, o silêncio fala, a meditação cura, a contemplação ilumina. O silêncio é revelação. Os grandes profetas, sábios, místicos, missionários e santos vêm do silêncio. Os cientistas e filósofos entregam-se ao silêncio para encontrar a verdade que procuram. O silêncio é fonte, é escola, é remédio, é inspiração. Para sermos bons comunicadores precisamos buscar o silêncio, no qual encontramos Deus, os outros e a nós mesmos.

8) **O desapego** – A raiz do sofrimento moral está em nossos apegos. Por outro lado, a liberdade, a disponibilidade, a genero-

sidade são frutos do desapego. Todo apego é uma corrente, uma prisão, uma escravidão. O primeiro gesto de Jesus vindo a este mundo foi desapegar-se da glória, esvaziar-se, descentralizar-se, humilhar-se. Sem o desapego de Jesus na manjedoura, na cruz, na pobreza, na humildade e na simplicidade não aconteceria a encarnação. Não estaríamos salvos.

Identidade do padre

Dez aspectos da identidade do padre:

1) **Dar glória a Deus** – Se o padre aceita ser padre recebe o sacerdócio, antes de tudo é para dar glória a Deus, e é a primeira finalidade, é o primeiro objetivo da vida, da missão, do ministério, das tarefas do padre; e esse dar glória a Deus tem um sentido profundíssimo quando nós o ligamos com a Palavra de Jesus, quando Ele disse que veio ao mundo para dar glória a Deus, quando Ele explica que a glória de Deus consiste em "conhecer-te Pai e conhecer aquele que Tu enviaste, Jesus Cristo" ou quando Ele diz que a glória de Deus é a salvação do homem. Santo Irineu diz que a glória de Deus é o homem vivo. Portanto, não podemos esquecer que o homem vivo é também uma manifestação da glória de Deus. Tudo isso é a glória de Deus que o padre deve procurar através de sua vida e ministério. Então, tudo isso nessa primeira missão do padre, do sacerdote.

2) **Anunciar a palavra** – Esse é o segundo aspecto do ministério do padre. Está dito explicitamente pelo *Presbiterorum Ordinis*: o primeiro e principal múnus do sacerdote é anunciar a Palavra de Deus. A fé nasce da pregação: da pregação a Palavra de Cristo é instrumento (Rm 10,17). Aqui está dizendo que todo o resto das tarefas do padre vai depender da maneira como ele encara a pregação da Palavra de Deus, o anúncio da Palavra de Deus.

3) **Congregar a comunidade dos fiéis** – Com força, energia inata, própria da Palavra de Deus, o padre realiza esta tarefa de congregar a comunidade dos fiéis. Nesse sentido, o padre copia,

imita, repete a missão de Jesus como congregador, na hora e por força da Palavra. Não esqueçamos aqui o múnus anterior: pela força do anúncio da Palavra Ele congrega a comunidade, as pessoas próximas e as distantes.

Então, a Palavra que o padre anuncia não é uma palavra qualquer, é uma palavra congregadora, é uma palavra que ajuda os mais próximos e os mais distantes.

4) **Educador na fé** – Na força da palavra, o padre é sempre um educador. Dizer que ele é educador na fé significa dizer que o padre é educador da pessoa integral: na fé, a partir da fé, com a luz da fé e na perspectiva da fé. Então é muito diferente dizer que o padre é educador só da fé, ou dizer que ele é educador de todo o homem, do seu aspecto político, afetivo, cultural ou profissional. Ele educa todo o homem, e a diferença é que educa na fé. Essa é a tarefa específica do padre: ser educador na fé, sempre na força da Palavra, e usando a Palavra de Deus é que ele é educador na fé.

5) **O padre é o homem da Eucaristia** – O Concílio Vaticano II com sabedoria diz: para ser homem de uma Eucaristia verdadeira, isto é, não de uma Eucaristia que seja somente expressão de uma piedade pessoal, mas de uma Eucaristia que seja realmente mistério de fé, que seja raiz, centro e cume da comunidade, como diz o documento sobre a Liturgia, para ser realmente um sacramento da fé. Como nos coloca o Decreto *Presbiterorum Ordinis*: é para ser verdadeiramente homem de Eucaristia que o padre começa por ser homem da Palavra de Deus. Para chegar à Eucaristia temos de partir da Palavra de Deus.

6) **Dispensador dos mistérios de Deus** – É um termo paulino. Esses mistérios de Deus no fundo são os sacramentos, todos eles culminando ou encontrando seu vínculo na Eucaristia. Ela é como elo de toda a vida sacramental, para a santificação dos fiéis, a santificação do povo de Deus. Pois os sacramentos são instrumentos de santificação. Quando o padre dispensa um sacramento, ou ministra um sacramento, não está fazendo gestos externos, não está

fazendo algo superficial, ele está, naquele momento, exercendo uma tarefa de santificador do povo de Deus. E nesse santificador do povo de Deus vamos ter que colocar tudo que vem atrás. O padre é santificador do povo de Deus quando serve à Glória de Deus, enquanto pronuncia a Palavra, enquanto reúne a comunidade, enquanto educa na fé... Ao dispensar aqui os mistérios de Deus e ao ser santificador, não vai bastar que anuncie a Palavra. O padre tem de ser testemunha dos mistérios de Deus.

É com testemunho de sua própria vida que ele santifica; com o testemunho da sua fé, da sua caridade, da sua esperança, da sua humildade, da sua pobreza, da sua mansidão e bondade. Se nós isolamos os sacramentos disso, os sacramentos ficam sendo rituais. Então sim podemos falar de sacramentalização. Não devemos ter medo de ministrar os sacramentos com toda beleza, alegria e respeito, com toda fé nos sacramentos, para que seja expressão de fé.

7) **O sacerdote como guia e pastor** – Aqui temos a figura de Jesus como o Bom Pastor, que vai à frente do rebanho, vai à frente para puxar, para mostrar o caminho, para evitar perigos... O bom pastor dá a vida pelas suas ovelhas, e é nesse sentido que o sacerdote é guia e pastor. É aqui que o sacerdote tem uma presença viva na vida concreta dos fiéis, porque é nesse momento que ele cristaliza sua missão na vida cotidiana do homem e mulher, do pai e mãe de família, do profissional, dos jovens e adolescentes. É nesse momento que ele vai tratar com pessoas humanas em suas vidas concretas. É ao sacerdote que as pessoas perguntam: O que devo fazer com o meu filho drogado?, Estou com uma tremenda dificuldade no meu casamento... Querem tirar dúvidas de fé... É do padre que essas pessoas ficam esperando respostas concretas e acertadas; portanto, é como bom pastor e guia que ele vai responder.

8) **O padre como profeta** – Ele fala em nome de Deus, como profeta. Essa é etimologia da palavra profeta em grego: *pro-feni* quer dizer: falar em lugar de alguém. O padre, como pastor e guia, é aquele a quem as pessoas vêm trazer a própria vida e pedir: me ajude, me ajude a viver, me ajude a entender, me ajude a caminhar

na vida, e o padre deve ter a resposta profunda para isso, pois vai é responder em nome de Deus, falando em nome de Deus. Para ser profeta e para falar em lugar de Deus, em nome de Deus, o padre deve estar em contato contínuo com Deus e que a qualquer hora vai ser chamado para falar em nome de Deus.

9) **O padre como unificador** – É muito importante, tão importante quanto o congregador. Não basta congregar a comunidade, é preciso mantê-la congregada. Sabemos que a comunidade está constantemente ameaçada de dissolução, ameaçada de desagregação, desunião. É nesse sentido que o padre é o unificador, aquele que vai diariamente, constantemente, procurando manter a unidade. Quando ferida ou ameaçada, a unidade pode romper uma comunidade a qualquer momento. É uma tarefa muito difícil, sacrificada. E quanto aos conflitos, nós sabemos que estes nascem de todos os modos: por caráter, por temperamento, por educação, pela força das ideologias, até por concepções de igreja e até por muito amor à Igreja. Recordamos que Jesus escolheu os apóstolos, escolheu homens completamente diferentes. Ele, Jesus, se propôs como ponto de união, em torno dele foi capaz de unir Pedro a João, Mateus, Judas Iscariotes, os mais idosos, os mais novos...

10) **O sacerdote, pai espiritual** – Aparece claramente no *Presbiterorum Ordinis* – o pai Espiritual da Comunidade. Tendo como ponto de referência São Paulo. Nessa paternidade espiritual o padre completa a função de pastor. Aqui ele é um pai e um pai que gera, gera pela fé, gera pelo Evangelho e gera pelos sacramentos, gera para a vida da graça. O padre gera constantemente os seus fiéis e, portanto, é um pai. O padre tem de mostrar o caminho paternalmente, e aqui entra a paciência, a bondade, a compaixão, a infinita misericórdia para com os pecadores, mas, ao mesmo tempo, o desejo de guiar, de conduzir no caminho da vida.

Messianismo, uma patologia pastoral e presbiteral?

Os padres, os leigos e leigas trabalham na Igreja, nas pastorais, com o máximo de boa vontade, reta intenção, disponibilidade. Mas acabam se decepcionando, se ferindo e até desistindo de ser Igreja. Num trabalho apostólico e comunitário emergem carências, dimensões feridas não curadas, manifestações do inconsciente que são desconhecidas. Uma delas é o "complexo de messias" ou também "complexo de salvador".

Messias é o libertador, enviado de Deus, para a salvação do povo, o ungido de Deus. Quem sofre de messianismo toma uma atitude de "salvador da pátria", de centralização, acaba sendo "dono do Espírito Santo". Isso tudo, inconscientemente e até às custas de muito desgosto. A pessoa acha-se o centro, sente-se indispensável e chega a esquecer-se de Deus, da espiritualidade. Coloca-se numa posição de piloto. Deus é tapa-buracos. Deus é o copiloto. Deus é estepe. Este agente pastoral faz planejamentos e planos, pensa estratégias pastorais, mas não consulta a Deus, perguntando qual é a vontade divina. Deus é que obedece ou que deve obedecer aos seus planos e estratégias. Tudo sai de sua cabeça e de seu racionalismo pastoral.

O messianismo pastoral nada mais é que o "personalismo pastoral". A pessoa faz tudo sozinha, não confia nos outros, não delega responsabilidades, não deixa os outros crescerem, não prepara sucessores. É o reino da autossuficiência. Quando este agente de pastoral ou sacerdote deixa o cargo ou a pastoral, tudo desaparece, morre, não há continuidade.

Agentes de pastoral, clérigos ou leigos, que sofrem de messianismo, não aceitam críticas, não se dispõem ao diálogo, cortam novas lideranças, brigam pelo poder, causam profundas divisões, não largam o cargo, buscam êxito e sucesso, não descem do pedestal e costumam sempre culpar os outros. Geralmente não participam de encontros, cursos porque acham que já sabem tudo. Quando se dignam participar tomam atitude de arrogância, de contestação ou de rebaixamento diante do grupo, do assessor ou da comunidade. Inicialmente, gozam de atração e influência, depois caem. Ninguém os suporta.

Messianismo pastoral é um aliado do racionalismo teológico. Deus, a oração, a espiritualidade como também a afetividade, o coração, os sentimentos são bloqueados. Messianismo e exibicionismo são parentes. Quanto sofrimento e quanta frustração, quantas brigas e quantas divisões acontecem por conta do "complexo de messias", ou messianismo pastoral. Para encontrar soluções e pistas da recuperação de nossas pastorais, faz-se necessário tocar nas feridas que destroem o dinamismo e o ardor da ação pastoral. O messianismo marginaliza Deus e os outros e faz do "messias" um iluminado que usa estratégias de aparência democrática, mas na prática o que resta é um despotismo pastoral.

Quem não entra na engrenagem é excluído.

Nem anjos, nem demônios, mas homens de Deus

Antes de tudo, nossos parabéns aos padres pelo seu dia. "Dar-vos-ei pastores segundo o meu coração" (Jr 3,15).

Deus ama seu povo e por isso chama pessoas vocacionadas para servir o povo. Assim, o padre é um "homem de Deus para servir o povo e um homem do povo para servir a Deus".

Em nossos dias a pessoa do padre é muito controvertida. Para uns, o padre é um anjo, para outros um demônio. Nem anjos, nem demônios, nossos padres são pessoas humanas nas quais Deus apostou, e mesmo quando o padre erra Deus não o desautoriza, mas em seu amor sempre fiel continua apostando na conversão de seus escolhidos. Bem escreveu São Francisco de Assis: "Quero temer, honrar e amar os sacerdotes como meus senhores, pois neles está o Filho de Deus. Não levo em consideração os seus pecados, porque reconheço neles o Filho de Deus e eles são os meus senhores".

O padre é uma delicadeza de Coração de Jesus. Nossos padres não precisam tanto de nossos elogios, mas do nosso perdão, compreensão e colaboração. O padre é uma invenção do amor trinitário em favor do povo. Você criança, você jovem, você adulto ouça a voz de Deus que o chama para a vocação. Ser padre não é uma dignidade só para os santos e justos, nem é uma degradação para quem não alcançou outros ideais na vida, O padre é um pai, um pastor, um profeta, um homem de Deus, e se você conhece padres que não são assim, ajude-os a serem fiéis, porque o padre não existe para si, mas para o povo. Uma sociedade sem padre adotará deuses falsos e não respeitará a dimensão espiritual da vida. Compreender o padre é compreender que o projeto de Jesus se perpetua no tempo e na história, trata-se do sucesso do próprio Jesus.

O Apóstolo Paulo define o padre como "administrador dos mistérios de Deus" (1Cor 4,1), mas é em "vaso de argila" que o padre carrega esta dignidade e responsabilidade.

Não é, pois, a pessoa humana do padre que nos encanta e inquieta, mas a missão que lhe foi confiada. Ser padre não é uma honra, mas uma responsabilidade. O padre é uma chave que abre o acesso a Deus, é uma escada que conduz ao céu, é um sinalizador do amor de Deus, é uma ponte que liga o céu e a terra. Em nossos dias a Igreja deseja padres animadores de comunidades, comprometidos com a causa dos excluídos, construtores de uma sociedade nova, justa e fraterna, lugar do Reino de Deus. Nossa gente espera do padre, atitude de aproximação, de acolhimento, de simplicidade. Um padre mais perto do povo. Além disso, a bondade, a paciência, a compreensão, são virtudes que não podem faltar para um homem do povo. Por fim, quem vai ao hospital quer remédio, quem vai à padaria quer pão, quem vai à igreja, quer Deus. Cabe ao padre dar Deus ao povo. Temos direito a um bom médico, a um bom advogado, forçosamente temos direito a ter um bom padre. O povo tem direito a um padre santo. Por isso, rezemos para que nossos sacerdotes sejam homens de Deus.

Pecados de padres e bispos

1) Isolamento e distância.
2) Ausências.
3) Inveja e ciúmes.
4) Críticas destrutivas.
5) Falta de oração.
6) Carreirismo.
7) Omissão.
8) Rotina.
9) Mediocridade.
10) Falta de perdão.
11) Divisões, brigas, preconceitos.
12) Ocultação da verdade e mentira.
13) Gratificações egoístas.
14) Ativismo.
15) Agressividade, dominação.
16) Apego a pessoas e coisas.
17) Autoritarismo.
18) Autopromoção.
19) Pressa e falta de tempo.
20) Incoerência entre pregação e vida.
21) Falta de transparência.

22) Grosseria e falta de cortesia.

23) Grupismo.

24) Crise de fé.

25) Resistência ao cultivo e tratamento psicológico.

26) Mentalidade de privilégio.

27) Baixa autoestima.

28) Resistência às transferências.

29) Murmuração e negativismo.

30) Quebra de sigilo.

31) Desconfiança mútua.

32) Paroquialismo.

33) A trindade do mal; os ídolos perversos: dinheiro, sexo e poder.

O amor de Deus pelo sacerdote

Deus ama o mundo e por isso quer salvá-lo. O povo de Deus é um povo sacerdotal, chamado a ser santo e salvo. Em favor do povo, Deus chama os vocacionados. Ele os escolhe com um amor de predileção para que sejam sinais, sacramentos, instrumentos de seu amor pelo povo, pelo mundo.

As Sagradas Escrituras e a espiritualidade cristã são fontes de muitas "declarações de amor de Deus" pelos sacerdotes. Vamos elencá-los. Deus diz ao seu escolhido e ungido, ao seu sacerdote:

1) Eu tenho ciúme de ti.

2) Eu te quero. És meu. Eu te consagrei. Tu me pertences.

3) Eu confio em ti, por isso te chamei, escolhi e enviei.

4) Eu sofro por ti e contigo, porque te amo.

5) Eu aposto em ti. Estou sempre contigo, sou teu amigo e companheiro. Estou torcendo por ti.

6) Eu te seduzi e atraí. És minha alegria. Gosto de estar contigo. Eu me interesso por ti.

7) Eu espero em ti. Nada muda meu amor por ti. Estou empolgado por ti, não desisto de ti. Nada me separará de ti. Amo-te como tu és. Deixa-me te amar. Creia no meu amor.

8) Eu trabalho em ti e por ti.

9) Eu me comovo quando me lembro de ti. Te amo sem medidas. Estou ferido de amor por ti.

10) Eu paguei caro por ti, eu te resgato, te recupero e te recrio com minha bondade, misericórdia e paciência.

11) Eu cuidei, cuido e cuidarei de ti. És precioso aos meus olhos. Eu te amo mesmo se tu me rejeitas. Eu te carrego ao colo e carrego os teus fardos.

12) Eu te corrijo porque te amo. Eu te criei, te formei, te conduzi, te resgatei. Eu te amei primeiro, te amo desde a eternidade, meu amor por ti é incondicional. Te amo eternamente e ternamente.

13) Meu amor por ti é irrevogável, inefável, imensurável, insuperável. Eu te dei tudo o que és e tens.

14) Eu te amo pelo que tu és e não apenas pelo que tu fazes. Não precisas ser bom para seres amado por mim. Tu te tornas bom quando descobres que és amado por mim, assim como tu és.

15) Eu amo o teu eu real, profundo, ferido, pois eu te conheço, te compreendo e te recebo sempre de novo.

16) Eu falo contigo como um amigo. Tu és meu amigo, meu íntimo, meu consagrado.

17) Meu amor por ti é como a sarça ardente, jamais se extingue.

18) Tu és meu, eu sou teu. Transbordo de amor por ti. Vivo pensando em ti. Sei o teu nome. Eu me alegro em ti.

19) Meu amor por ti é eterno, fiel, criador, providencial, incondicional, gratuito, misericordioso, imenso.

20) Tenho por ti um amor de pai, de mãe, de amigo. Um amor inflamado. Seguro-te com laços de amor. Se os outros te abandonarem, eu não te abandonarei.

21) Estás no meu pensamento desde a eternidade. Eu te gerei. Eu te plasmei no seio de tua mãe. Eu te ensinei a andar. Quando estás caído, eu me inclino para te levantar. Tua história, é uma história de amor, melhor, do meu amor por ti. Pode uma mãe esquecer de seu filho, mas eu não me esquecerei de ti. Pode uma noiva esquecer seus enfeites. Eu não me esquecerei de ti. É mais fácil uma montanha virar pó do que eu deixar de te amar, jamais te abandonarei.

22) Deixa-te amar, porque só os amados mudam. Não podes viver num "ateísmo afetivo". Se são grandes tuas feridas, maior é a minha medicina: meu amor por ti.

O sacerdote e o povo de Deus

O que o povo deseja, espera e aspira a respeito dos sacerdotes? Já foram realizadas muitas pesquisas a respeito desta questão. As aspirações mais comuns são: que o padre tenha tempo para atender aos fiéis, não seja apressado. Que saiba acolher e tratar bem as pessoas, evitando rispidez. Que tenha compaixão e aproximação dos pobres. Que seja um homem cheio de paciência e esteja perto do povo.

Em termos mais precisos hoje aparecem sete qualidades que o povo espera encontrar nos seus padres. Vamos conhecê-las. Para o povo o padre deve ser:

1) **Humanamente equilibrado** – O padre deve ter o mínimo de condições humanas. Deve aceitar curar suas feridas. Não ocultar seus problemas, mas buscar as soluções, porque a graça supõe a natureza. A ordenação sacerdotal não apaga nem suprime as fragilidades humanas. É preciso cultivo profundo do ego, libertação dos vícios e escravidões. Aceitar ser humano e usar os meios para alcançar a maturidade, eis a rota do equilíbrio. Onde captamos o nosso lado mau, aí mesmo recebemos o apelo a sermos melhores do que somos.

2) **Espiritualmente forte** – O povo quer ver o padre rezar, quer ver Deus no padre. Um padre que reza atrai bênção e conquista a confiança dos fiéis. O padre ensina mais pelo testemunho que pelas palavras. Sua fé se torna visível no seu jeito de ser e de trabalhar. Quem abandona a oração, abraça a tentação. O padre tem a missão de salvar e santificar. Foi consagrado para ser homem de Deus a serviço do povo. E administrador dos mistérios de Deus, servo da graça, mestre de oração.

3) **Vocacionalmente alegre** – A beleza e a alegria de ser padre faz do sacerdote um homem feliz. O pessimismo, apatia, azedume não coadunam com a vocação sacerdotal. Um padre feliz é propaganda de Deus e de vocações. Sua alegria contagia os fiéis e impulsiona a pastoral. A experiência do amor misericordioso de Deus é o fundamento da alegria do padre. O sacerdote tem mais razões para ser alegre do que para a desilusão. Sua vida é sacrifício e alegria, um reservatório de alegria.

4) **Existencialmente realizado** – O padre tem muitas razões e oportunidades para ser uma pessoa realizada. Sua missão promove a vida, liberta pessoas, abre horizontes, perdoa pecados, celebra mistérios, abre as portas do céu, transforma a sociedade. O padre dispõe de chances que os advogados, os médicos, os políticos... não têm. As cruzes do caminho transformam-se em luzes, a dor em amor, o sacrifício em alegria, a fraqueza em crescimento.

5) **Culturalmente atualizado** – O padre, por ofício, deve estar bem-informado e atualizado para dar respostas às perguntas, dirimir dúvidas, apontar caminhos. Faz-se necessário sua formação permanente e o acompanhamento dos acontecimentos. Precisamos dar a razão da nossa fé e esperança. O padre é mestre. Tem a missão de ensinar, corrigir, formar, conscientizar.

6) **Socialmente comprometido** – O padre é profeta, amigo da justiça e dos pobres, anunciador do Reino de Deus. Sua vida seja sóbria, sem supérfluos nem apegos, uma vida simples, com o povo, a serviço do povo, ao lado do povo. Seu ministério é um constante lava-pés a serviço da fraternidade.

7) **Pastoralmente animado** – O padre é o primeiro animador da pastoral, o bom pastor, motor da vida pastoral. O pastor organiza os conselhos, valoriza os leigos, tem comunhão com o plano pastoral da diocese e evita a centralização. O padre bom pastor alimenta o rebanho com a Palavra de Deus, os sacramentos e a organização da caridade. O pastor é como o cordeiro que doa sua vida, como a mãe se entrega oblativamente, como o missionário que fomenta a evangelização, como o amigo que conforta.

A importância do padre

O padre vem do coração de Deus para o coração do mundo. Deus ama e salva seu povo servindo-se do ministério sacerdotal. Mesmo consagrado, o padre não deixa de ser humano e falível. Carrega o mistério em vaso de barro. Isso tudo é muito fascinante e providencial. Tirado do meio dos homens, o padre é ungido para tudo o que diz em relação a Deus. É um consagrado para servir mesmo sendo "médico ferido".

Jesus, ao escolher seus apóstolos, rezou uma noite inteira e, ao despedir-se deste mundo, rezou ao Pai, pelos seus padres: "Pai, guarda-os do mal; santifica-os pela verdade, pois neles sou glorificado" (Jo 17,15.17.10). A vocação sacerdotal é para a vida, a salvação, a santificação do mundo. "O sacerdócio só será compreendido no céu" (São João Vianney). O mundo desceria a níveis infra-humanos se não tivéssemos lideranças espirituais. O padre é homem do povo para Deus e homem de Deus para o povo". Cabe-lhe unir, ligar a humanidade e Deus, fazer ponte, ser pontífice. Sim, o padre é convocado a destruir muros e construir pontes.

Nossos padres precisam de nossa oração, nossa compreensão e colaboração. Deus deu ao padre o poder de destruir o mal pela absolvição dos pecados. Assim, o padre é médico e um grande benfeitor da humanidade. Ele vence o mal pelo perdão e pela misericórdia. É um parteiro da graça, um obstetra da nova sociedade. Foi-lhe confiada a Eucaristia. Deste modo, o calvário e a ressurreição chegam até nós. Pelo ministério do padre, Jesus crucificado e ressuscitado é nosso contemporâneo. Grande é este mistério!

Padre quer dizer pai e paróquia quer dizer casa. Nossas comunidades devem ter um espírito de família e serem comunidades misericordiosas e samaritanas. O padre coordena, lidera, anima estas comunidades. Ele desposa a comunidade e gera novos cristãos que devem ser como "alma do mundo". O sacerdócio contém em si grandeza e fraqueza, nobreza e simplicidade. Nele Deus e a humanidade se abraçam. São Francisco dizia: "Se eu encontrasse um anjo e um padre, primeiro beijaria a mão do padre, porque nele está o Filho de Deus". Dizia ainda: "Não levo em conta os pecados do padre, porque nele está o Filho de Deus". Precisamos ter olhos de garimpeiro para ver o tesouro, a beleza e a profundidade do amor de Deus escondido na pessoa do padre. O perigo é termos olhos de urubus que só enxergam defeitos. O padre não é anjo, nem demônio, é um ser humano, amado e consagrado para servir. Deus opera maravilhas na vida de cada padre.

Aos padres, nossos parabéns, gratidão e oração. Estamos precisando de mais vocações. Nossa prece seja aquela de Jesus: "Pai, santifica-os!" Com sacerdotes santos, teremos uma Igreja santa, que será uma Igreja entusiasmada, atraente, resplandecente. Cada um de nós pode ser um animador de vocações. Os primeiros promotores das vocações são os pais e os párocos. Para um mundo melhor, dai-nos sacerdotes, Senhor.

O padre e a experiência espiritual

O itinerário da espiritualidade cristã tem seis dados fundamentais, ou seja, uma experiência religiosa, quando autêntica, tem as seguintes características:

1) **É uma experiência profunda** – Torna-se algo inesquecível, marcante, envolvente, avassalador. A pessoa tem certeza que algo de importante, duradouro, profundo, aconteceu.

2) **É uma experiência transformadora** – Acontece a conversão, a mudança de vida. Muda o modo de pensar e agir. A pessoa percebe que algo novo, transformante, aconteceu.

Não sou mais a mesma pessoa; mudei, sou outra, sou diferente?

3) **É uma experiência irradiadora** – A pessoa comunica aos outros o que aconteceu. A experiência é partilhada e atinge positivamente as outras pessoas. Algo de cativante, atraente e encantador está acontecendo. Outras pessoas percebem, valorizam e crescem com a experiência partilhada que se tornou irradiante.

4) **É uma experiência provada** – Aparecem os obstáculos, as críticas, as oposições, as dúvidas. Acontece a manifestação do inimigo. Estas dificuldades, porém, não intimidam; pelo contrário, comprovam a veracidade da experiência, pois as pessoas se tornam ainda mais fortes, convictas e seguras da veracidade da experiência.

5) **É uma experiência humanizadora** – A pessoa adquire uma nova consciência, cresce, amadurece, principalmente na dimensão da responsabilidade e da fidelidade. Ela age com uma certeza interior, uma convicção firme, uma opção fundamental.

6) **É uma experiência simples** – A pessoa pode ter passado por altas iluminações, mas volta ao cotidiano. Como dizem os monges: "ninguém que teve grande experiência de Deus, deixa de descascar batatinhas". Os grandes místicos levam uma vida normal, simples. Não se acham melhores do que os outros. Pelo contrário, tornam-se mais compreensivos e misericordiosos. As pessoas de Deus não são estranhas, exageradas, complicadas, mas, ao contrário, vivem o cotidiano com amor extraordinário.

Vemos, nestas seis características, os seguintes elementos: o encantamento inicial, a mudança de vida, a presença da cruz, a irradiação ou comunicação da experiência e a iluminação da vida. Geralmente, depois da experiência do encantamento, vem a provação, o deserto, a dúvida, os obstáculos. Todavia, estas provações levam para um grau maior de espiritualidade ou de iluminação.

O mais bonito de tudo isto é que a verdadeira experiência de Deus faz a pessoa viver seu cotidiano com simplicidade, bom humor, humanismo. Nada de estranho, nem exagerado ou afetado acontece.

Tudo o que dissemos tem hoje um grande valor, porque estamos vivendo uma época de misticismos excêntricos, complicados, endeusados. Com facilidade atribuem-se dons, auréolas, poderes a pessoas que, mesmo em boa-fé, não estão percorrendo o caminho da verdadeira experiência cristã.

Apegos e sofrimentos

A raiz de todo o sofrimento moral chama-se apego, isto é, posse das coisas e pessoas, desejo ansioso de aprovação, necessidade de aparecer, vontade de poder. Apegar-se é projetar nosso ego em alguma coisa. O apego é uma crença de que sem determinada coisa ou pessoa, não podemos ser felizes. E ainda uma dependência emocional servil de alguém, de alguma coisa. Assim o apego é uma fantasia, um engano pelo qual acreditamos que sem tal coisa ou pessoa não podemos ser felizes.

Os apegos vicejam nas trevas da ilusão, do engano e da fantasia. Quem prefere ficar com o apego prefere ser cego. O amor não é cego, mas sim o apego, o qual impede que vejamos as pessoas como elas são.

Pelo apego um objeto ou pessoa adquire o poder de emocionar-nos. Quase toda emoção negativa é resultado direto de um apego. Ao querer deixar o apego sentimo-nos angustiados, ansiosos. Quando conseguimos obter o objeto do nosso apego somos tomados de prazer e arrebatamento. Mas, diante de uma simples ameaça de perda do mesmo somos invadidos pela ansiedade, agressividade, desordens, temores. O apego é um dos principais assassinos da vida, pois desordena o coração e obscurece o discernimento.

Os apegos surgem das mentiras que a sociedade e a cultura impõem. Assim se forma um apego:

1) Contato com algo que dá prazer.

2) Desejo de posse, agarrar, possuir para ter mais prazer.

3) Convicção: sem tal objeto ou posse não posso ser feliz. O prazer é igualado à felicidade.

4) O apego gera exclusão de pessoas até à insensibilidade e cegueira emocional.

5) Surge o nervosismo, a ansiedade, a falta de liberdade, o sofrimento.

Eis o ciclo do apego: atração, prazer, apego, compensação, satisfação, enfado.

Sofremos para conservar os objetos do nosso apego, e porque estamos sobrecarregados de tais objetos, nossos sofrimentos são sufocantes. A intensidade da dor de perdermos um objeto ou pessoa revela a profundidade do apego. Podemos concluir que cada apego tem um preço: a felicidade perdida. Ou, para alguém ser feliz há um caminho: livrar-se dos apegos. É preciso escolher entre o apego e a felicidade. Só entraremos no reino do amor, da liberdade espiritual e no reino da felicidade quando nossos apegos desaparecerem. Apegados à pessoa amada, o que lhe oferecemos não é amor, mas sim uma corrente pela qual ambos ficamos presos.

O apego bloqueia o acesso ao mundo do amor, daí a tragédia: se não conseguimos o objeto do apego, eis a infelicidade; porém se o alcançamos eis um lampejo de prazer, seguido de enfado. É preciso, pois, perceber o sofrimento causado pelo objeto do apego, a fantasia e o engano em atribuir-lhe beleza e valor que não tem, a perda da liberdade, o temor da vida e o medo da morte, que o mesmo incute. Não se combate o apego com força de vontade nem com renúncias, mas com a visão, isto é, a consciência da ilusão, a percepção do engano. Só há um meio de vencer os apegos: abandoná-los.

A dignidade humana

No cristianismo a dignidade humana é enaltecida. Com o nascimento de Jesus em Belém, com sua morte e ressurreição, a dignidade humana recebeu maior fundamentação e valorização. Os direitos humanos têm seu fundamento na dignidade da pessoa humana. Vejamos os diversos graus dessa dignidade.

1) **A dignidade da criatura humana** – Toda criação é uma revelação do amor de Deus, é sacramento de sua sabedoria, bondade, beleza e providência. "O homem é a criatura que Deus quis por si mesma" (*GS* 24). Enquanto criatura de Deus, o ser humano recebe a missão de submeter a terra, dar o nome aos animais, crescer. Deus criou criadores. Somos parceiros de Deus, irmãos uns dos outros, amigos de nós mesmos, zeladores do cosmos. Eis a lei natural, nossa original dignidade na criação: "Vós sois deuses". Cabe à criatura adorar, respeitar, servir e colaborar com o Criador. O Sl 8 reza a grandeza da criatura humana.

2) **A dignidade humana enquanto imagem e semelhança de Deus** – Mais do que criatura, a pessoa é imagem e semelhança de Deus. Isso tudo significa: ser amigo de Deus, estar aberto ao infinito. A pessoa enquanto imagem de Deus goza de igual dignidade independentemente da cor, sexo, idade, raça. A dignidade pessoal é o bem mais precioso que o ser humano tem. E um valor em si e por si. Nunca pode ser objeto, coisa, instrumento. É uma propriedade indestrutível porque significa a unicidade, a irrepetibilidade e a inviolabilidade da pessoa. Por isso, "o homem é o caminho

da Igreja". Onde está a pessoa ali deve estar a Igreja, servindo-a. "Todos os caminhos da Igreja levam ao homem" (João Paulo II).

3) **A filiação divina e a dignidade humana** – Pelo batismo somos "filhos no Filho". Deus é nosso pai, Jesus nosso irmão. Fomos resgatados por um alto preço: o sangue do filho de Deus. A filiação divina é a mais alta condecoração que a pessoa humana recebe. E o mais alto grau de dignidade. Assim, somos consanguíneos de Jesus, irmãos uns dos outros, herdeiros de Deus. A pessoa em sua totalidade é moradia, casa, habitação de Deus. Ainda mais, o batismo faz dos filhos e filhas de Deus, verdadeiros sacerdotes, profetas e reis. "Reconhece, ó cristão, a tua dignidade" (Leão Magno). Eis o que faz de nós e por nós o amor de Deus.

Resulta disso tudo que a pessoa humana não pode ser aviltada, prostituída, excluída, discriminada e muito menos passar fome. Na revelação cristã a pessoa humana e os direitos humanos recebem uma incomparável dignificação.

4) **A dignidade humana e a fé na ressurreição** – A pessoa não só é imortal, mas destinada a viver plenamente no convívio com o Deus da vida. O céu, a vida em plenitude, a total realização, o vértice da evolução, a perenidade do amor, do bem, da verdade, é o que chamamos de ressurreição. Eis o coroamento da dignidade humana. A pessoa se apossa da felicidade, da luz, da paz e viverá na fruição de Deus e na mais completa comunhão humana. A glória de Deus, o face a face, é o máximo que a pessoa pode alcançar, ou seja, ver, amar e louvar a Deus na mais completa felicidade e confraternização, que é a comunhão dos santos. O amor jamais acabará. A vida não é tirada, mas transformada, e a pessoa coroada e entronizada no fim que não terá fim, no dia sem ocaso. "Vem e toma posse do reino" (Mt 25,34).

5) **A dignidade humana e a vocação à santidade** – Ser chamado à santidade significa ser chamado à autossuperação, ao crescimento, à maturidade no bem, na verdade e no amor. É a perfeição do amor. Quanto mais santo é alguém, mais humano e rico em

humanismo. Ser santo é buscar o "mais", o melhor, o alto, o que é louvável e digno. Santificação é um processo de elevação e dignificação do ser humano. A vocação universal à santidade é um desdobramento da dignidade humana por força da graça no seguimento de Jesus, o homem perfeito. A cristologia é uma verdadeira antropologia. Antes da criação do mundo Deus nos quis santos e imaculados no amor. A santidade é o esplendor da nossa filiação divina e irradiação da dignidade humana.

A experiência cristã

Vivemos no mundo das experiências. Queremos práticas, não prédicas, nem só teorias. O mundo acredita nas testemunhas, nas pessoas de experiência e de vida cristã. Quatro elementos caracterizam a experiência cristã.

1) **Transformação** – A experiência cristã é um encontro de pessoas, Deus e nós. Encontro que muda a vida. Saímos transformados, diferentes, recriados da experiência de Deus. Somos novas criaturas. Deus vai mudando nossa vontade, nossa afetividade, nossa personalidade. Abandonamos um estilo de vida carnal e assumimos a vida espiritual. Acontece uma conformação, uma configuração, uma transformação em Cristo Jesus. Experiência cristã é encontro de conversão, mudança de rota, de comportamento, de critérios, de afetos, de vida.

2) **Síntese** – Outra característica da experiência cristã é o bom-senso, o equilíbrio, a síntese entre fé e vida, oração e ação, mística e missão. Desaparecem os excessos do misticismo exagerado e do politicismo radical. Nós nos tornamos místicos na ação, sabemos dosar amor de Deus e amor do próximo. E a síntese entre o divino e o humano, entre o trabalho e a contemplação. Fé sem obras é misticismo, ação sem oração é ativismo. Nosso catolicismo é ainda muito devocional, sacramentalizador; precisamos crescer na experiência bíblica e na dimensão social da fé.

3) **Combate espiritual** – A experiência cristã é uma luta, um esforço, uma batalha que requer constância, perseverança, fidelidade. A resistência ao mal, ao pecado é cotidiana, não para. Pela

oração sempre realimentamos a união com Deus. Inimigos da experiência cristã são a mediocridade, a rotina, as omissões. Comparamos a experiência cristã à escalada de uma montanha. Caímos e levantamos. O mistério nos chama a avançar para águas mais profundas. Somos peregrinos em busca da face do Senhor. Faz parte da experiência cristã sempre recomeçar, não desanimar, quando vem a noite escura da provação.

4) **Identificação** – A experiência cristã é um processo contínuo de identificação a Cristo Jesus, ao seu Evangelho, ao seu reino. O Apóstolo Paulo dizia: "Para mim, viver é Cristo". Teresa de Calcutá, abraçando os pobres, abraçava Jesus. É preciso servir a Cristo nos pobres. Jesus é o nosso verdadeiro eu. Quanto mais identificados com Jesus mais somos nós mesmos. Quanto mais cristificados tanto mais humanos seremos. Com olhos fixos em Jesus, apostaremos no amor fraterno, pois identificação a Cristo Jesus, significa viver como filhos que se sabem amados pelo Pai e como irmãos que se querem bem. "Tende em vós os sentimentos de Cristo Jesus" (Fl 2,5).

A experiência cristã consiste em transformar os critérios de julgamento, os valores que contam, os centros de interesse, as linhas de pensamento, as fontes inspiradoras, os modelos de vida da humanidade. É uma experiência totalizante e plenificante. Muda a pessoa e o ambiente social.

O padre e os fatos ocorrentes na Pós-modernidade

1) **Futebolização** – Necessário, útil, prazeroso e saudável é o esporte, não sua divinização. Hoje os atletas são ídolos e os times são comentados, defendidos, exaltados, "adorados" como uma divindade até ao fanatismo. Pelo time, se sofre, se faz grandes sacrifícios, se paga caro e se briga. Mesmo perdendo se permanece torcendo. O futebol se torna mais importante que a religião, que a família, que a Igreja. Foi endeusado. Há uma reverência, fascinação e arrebatamento pelos atletas e um verdadeiro "culto às suas pessoas". Quanto mais fascinante é uma pessoa, um time, um objeto, tanto mais se reveste do brilho do absoluto; portanto, da divinização. Há quem lembra mais do time do que de Deus. Falamos mais dos jogos do que do Evangelho. Todo fanatismo, sectarismo, idolatria são desaconselháveis, porque prejudiciais. Esporte sim, fanatismo não.

2) **O espetáculo** – Voltou o tempo do "pão e circo". Porém, o que chama a atenção é que até o mal virou espetáculo. Busca-se aquilo que agrada, causa prazer, sensação, emoção. Mesmo as tragédias do trânsito viraram espetáculo porque nossa curiosidade quer saber quantos morreram. A violência, o terrorismo, a imoralidade se transformaram em espetáculo que traz lucro. A própria corrupção não deixa de ser um espetáculo vergonhoso. Não interessa a verdade, a ética, a transparência. É o reino do espetáculo que se expressa também em exorcismos, curandeirismos, exageros litúrgicos. Alegria sim, espetáculo não.

3) **O demonismo** – Voltou de uma forma exagerada e superficial a satanização de tudo e de todos. Claro que cremos na existência e na atuação do maligno. Porém, há um exagero e exaltação do poder do mal em nossos dias. Cremos, é claro, na importância do exorcismo e devemos levar a sério as maquinações satânicas. O demonismo, porém, é um perigo porque as pessoas não assumem suas culpas e transferem tudo para o demônio. Não podemos comparar o poder de Deus com o poder do Mal. Deus é todo-poderoso e ninguém mais. Não é bom exagerar o satanismo. Precisamos de discernimento e esclarecimento teológico, para não atribuir ao maligno o poder que não tem, porque já foi derrotado. Discernimento dos espíritos sim, demonismo não.

4) **A dependência eletrônica** – O desenvolvimento das redes sociais, o aperfeiçoamento das técnicas e dos aparelhos são maravilhas dos nossos tempos. Falamos, porém, da dependência que eles criaram nas crianças, jovens, adultos. Há famílias apavoradas com a dependência eletrônica em seus lares. Quem não tem estrutura religiosa, ética e emocional acaba prejudicando a própria vida pela submissão aos aparelhos. Os transtornos atingem também as pessoas consagradas e âmbitos eclesiásticos. Como se queixam os professores a respeito de alunos que na aula não prestam mais atenção, totalmente distraídos, alienados dependentes do celular. Tecnologia sim, tecnocentrismo, dependência dos aparelhos, não.

5) **O ritualismo exagerado** – A Sagrada Liturgia requer de nós todos, conhecimentos das normas, fidelidade às orientações da Igreja, fé adulta, celebração participativa, boa comunicação. Tudo isso faz parte da "arte de celebrar". Outra coisa é o ritualismo radical, a rejeição da legítima criatividade na liturgia, a importância entre liturgia e pastoral. Não podemos ser rigorosos no rito e permissivos na vida, na moralidade. O altar não é palco, nem passarela, nem trampolim, nem palanque para interesses pessoais. A Igreja de Jesus não é Igreja dos panos, mas do avental. Amor à liturgia sim, ritualismo não.

6) **O devocionismo** – A devoção é uma consequência da fé, do amor, da adoração de Deus e da religiosidade popular. O devocionismo é o exagero, o excesso, o desvio da fé. O devocionismo não enfoca o Evangelho, a pertença à comunidade, o trabalho pastoral, a dimensão social da fé. Caracteriza-se pela busca pessoal de cura, alívio, interesses pessoais. O sofrimento humano encontra no devocionismo um consolo. Porém, é preciso dar um passo além, porque a verdadeira religião consiste em visitar os órfãos e as viúvas e conservar-se puro da corrupção deste mundo (cf. Tg 1,27). O devocionismo não se envolve com o profetismo, nem com a Doutrina Social da Igreja. Devoção sim, devocionismo não.

O padre e a arte da oração

Rezar é um ato natural, um capítulo da antropologia, exatamente porque o ser humano tem uma abertura congênita para o transcendente, o divino. Rezar é, também, um ato de justiça para com nossa alma, pois a oração é expressão do espírito, da alma, do coração. É também um ato de justiça em relação a Deus. "Nele somos, vivemos e existimos" (At 17,28).

A oração é, antes de tudo, terapêutica porque pacifica, unifica, ordena a vida, os pensamentos e os afetos. "Os efeitos da oração em nossa pessoa são mais visíveis do que os das glândulas de secreção interna", diz o Prêmio Nobel da Medicina (1922), Dr. Alexis Carrel, ateu convertido.

A arte da oração consiste em que o orante se comunica com Deus, com os outros e consigo mesmo e assim faz grandes descobertas, encontra soluções, recebe iluminações e muita força interior. C. Jung e V. Frankl são psicólogos que exaltam a importância e a eficácia da oração, sem a qual as pessoas não se curam de suas neuroses. Eles sabem muito bem que a pessoa orante entra no nível alfa, frequência profunda do cérebro humano.

Quem não reza está numa situação muito desconfortável e até incômoda, porque irá buscar alívio e sedativo no álcool, nas farras, nas drogas, e sempre permanecerá vítima do vazio existencial e da solidão. Sempre justificará seus erros e fugas, tendo necessidade espontânea de ridicularizar quem reza, como se a oração fosse o "catecismo dos fracos e perdedores". De fato, só os humildes e autênticos rezam.

É preciso rezar com fé. Acreditar no poder da oração. Rezar é estar com Deus e com os outros. Normalmente, a oração verdadeira e profunda leva à compaixão, ao perdão, à solidariedade. O amor é fruto da oração. Rezar é um ato de amor e o amor é consequência da oração. Os santos, os místicos, são sempre pessoas de paz, de fraternidade e de ação em favor dos pobres e pecadores. A oração é amor de amizade com Deus que nos leva ao amor-serviço para com os outros.

A oração é uma "alavanca que move o mundo" (Santa Teresinha). De fato, quantas pessoas são vitoriosas frente a doenças, mágoas, decepções, injúrias. A oração as salvou. Quem reza se salva. A oração é uma ponte. A pessoa orante é fabricadora de pontes, é pontífice. Abatem-se os muros, constroem-se pontes, com a sabedoria da oração. Esta ponte, a oração, vai da terra ao céu e do coração do orante aos irmãos. A escalada da oração é exigente, requer perseverança. É um combate. A oração é muralha, é escudo, é proteção, é abrigo, é segurança. Quem reza está imunizado contra muito males. A oração nos protege das tentações. Sem oração caímos na murmuração e abraçamos a tentação.

A oração é escola. O mestre interior é o Espírito Santo. Na escola da oração aprendemos a prática do bem, a beleza do perdão, a alegria da convivência, a esperança nas decepções. A oração nos faz discípulos, iluminados, sábios, humanos e verdadeiros. Moisés tinha o rosto iluminado após a oração. Irradiava o fulgor de Deus.

A oração enche o orante de audácia e coragem, de força e tenacidade, de luz e compaixão. Jesus não somente reza, mas ensina a rezar, principalmente, a perseverança na oração. Os primeiros cristãos eram "assíduos na oração" (At 2,42). De fato, a oração é inspiração de cada momento, recolhimento do coração, recordação das maravilhas de Deus, é força para a luta cotidiana. Eis a arte da oração.

A oração é uma rendição diante de nossa insuficiência e da paternidade de Deus. A oração é a fala entre filhos(as) e Pai. Portanto, oração é questão de amizade, é encontro de duas consciências, duas intimidades, duas existências. Na oração acontece uma troca de olhares, de confidências, de interioridades. Rezar é um ato de amor, um ato afetivo que inflama o orante de amor a Deus e ao próximo.

A arte do encontro

A vida humana é feita de encontros. O padre é, por excelência, um facilitador do encontro com Deus.

Encontro é uma experiência fundante em nossa vida. Nossos encontros moldaram nossa personalidade. Pedro, Paulo, a Samaritana, Zaqueu, Madalena, Nicodemos etc., mudaram de vida a partir do seu encontro com Cristo. Encontro é experiência, acontecimento, comunicação de um eu com um tu para acontecer o "nós".

Do encontro nasce o namoro, o casamento, a família, a amizade, a história humana. Não menos maravilhoso é o encontro conosco mesmos, a autoaceitação, a autoconsciência e a autoestima. Os pecadores, ateus, gnósticos narram seu encontro com Deus, sua conversão como um novo nascimento, nova vida, nova personalidade. Emociona-nos o encontro de Agostinho com a graça, a misericórdia e a beleza de Deus. Francisco de Assis, Camilo de Lellis, Inácio de Loyola são gigantes e monumentos imortais da experiência do encontro com Jesus de Nazaré. Uma interminável multidão de convertidos testemunha a força transformadora e irradiante do encontro com Deus.

A arte do encontro consiste em que eu me torne mais eu mesmo na comunicação com um tu. Graças ao encontro o outro passa a ser "ele ou ela", um você, um próximo, um amigo, um irmão. Não é apenas um indivíduo. A trajetória do encontro começa com a reciprocidade, a comunicação, a decisão e enfim o encontro. Nós somos nossos encontros.

O encontro nos reumaniza, reabilita, reconstrói. Deixemos de construir muros e passemos a construir pontes. "O encontro é um ato essencial do homem" (M. Buber). O encontro é a "ciência da singularidade" onde eu posso ser eu mesmo e permito ao outro ser ele mesmo. O encontro move a mudança e o crescimento, enfim, o amor.

Nossa cultura moderna é muito individualista. Isto dificulta o encontro e ao mesmo tempo arrasta para encontros superficiais que acabam em desencontros. A mística do encontro é exigente porque requer abertura, respeito, confiança. Assim, o círculo vicioso se torna círculo virtuoso. A qualidade do encontro é que conta. Temos encontros superficiais e encontros profundos. Estes marcam a vida para sempre.

O encontro verdadeiro é o remédio para a solidão, a insegurança, a baixa autoestima. Como faz bem o encontro com os parentes, os amigos, os colegas de trabalho, sem esquecer o encontro com o médico, com o padre, com o psicólogo, com o mestre. Nossa vida começou com um encontro, um abraço e se completará no face a face com aquele que nos ama. É pelo encontro que a gente se encontra a si mesmo.

Deus é o primeiro a sair de si e vir ao nosso encontro. Ele nos ama com antecipação, Ele dá o primeiro passo, Ele ama primeiro, Ele oferece proposta de amizade e se revela a si mesmo, criando intimidade conosco. O encontro é fruto do amor. Deus quer encontrar-se conosco e Ele deixa-se encontrar. Não o encontraríamos se Ele primeiro não nos tivesse encontrado.

Desde o acordar até ao adormecer nosso dia é marcado pelos encontros. Entendemos assim como é verdadeiro e saudável o mandamento do amor fraterno. Para tirarmos fruto de nossos encontros precisamos de abertura do coração, oferta do nosso tempo, o sentimento de respeito pela dignidade do outro, a benevolência. Nos encontros com o outro encontramos Deus e a nós mesmos.

A massificação do mundo de hoje e a individualidade impedem a experiência do encontro. Todavia, o diálogo, o perdão, a oração, a descentralização de si são meios eficazes para a gente se encontrar. A festa, a visitação, os grupos de vida e o sofrimento são ocasiões propícias para o encontro. Sem êxodo, não há encontro.

As quatro palavras-chave a partir dos documentos da Igreja

Documentos da Igreja fazem uma análise da realidade eclesial na sociedade de hoje a partir de quatro palavras. Trata-se de uma análise na ótica da fé e não da sociologia. Vejamos:

1) **Descristianização da sociedade** – Eis o primeiro dado. A sociedade como tal e a cultura moderna estão cada vez mais descristianizadas. Convivemos com tecnologias, filosofias, estilos de vida e mentalidades pluralistas, secularizadas, paganizadas, materialistas, indiferentes em relação à religião e à fé. Em diversas regiões do mundo os cristãos são perseguidos. A resposta da Igreja está na consciência missionária e na nova evangelização.

2) **Mundanização da Igreja** – Somos influenciados pelas redes sociais que criam a dependência de aparelhos eletrônicos. Estamos divididos dentro de nós mesmos e profundamente fragmentados. Há uma fratura entre o que dizemos, o que somos e o que fazemos. Os ídolos do sexo, do dinheiro, do poder e do prestígio atacam. O Papa Francisco alude a um "mundanismo espiritual" que consiste em obter vantagens pessoais e interesses próprios usando Deus, a Igreja, os trabalhos pastorais. A resposta a esta mundanidade está na busca diária da santidade pela mediação da vida espiritual como, por exemplo: a oração, a leitura orante da Palavra, a celebração dos sacramentos, especialmente da Confissão, e a prática da caridade.

3) **Sacramentalização** – Entendemos por sacramentalização o costume de celebrar os sacramentos sem preocupação pela conversão do coração, sem o engajamento na comunidade, sem a consciência da evangelização. Os sacramentos se transformaram em ritos, costumes, obrigações; porém, sem frutos na vida pessoal, eclesial e social. Recebe-se os sacramentos por obrigação, por tradição ou por imposição. No ritmo da sacramentalização temos conferido o batismo sem preparação e sem evangelização. Nossos fiéis "são batizados não evangelizados". As crianças da Primeira Eucaristia desaparecem da Igreja, os crismandos não perseveram, os que se casam não sabem usufruir da riqueza do sacramento que receberam. Comunga-se por costume. O remédio para a superação da sacramentalização é a iniciação cristã.

4) **Administração** – Trata-se de uma "inversão pastoral", pois os que deviam ser bons pastores se tornam mais administradores do que evangelizadores. Eis o problema da burocracia. Gasta-se tempo e energias em preocupações administrativas, burocráticas, estruturais e não se investe no atendimento das pessoas, no contato com os catequizandos, na preparação das homílias, na visitação dos doentes e das casas. Reza-se por obrigação e não por gratidão. Há um reducionismo espiritual e pastoral e um exagero em coisas de administração. Os ministros leigos realizam pregações, celebrações, trabalhos missionários e nós da hierarquia ficamos com a administração. Eis uma "inversão de valores".

O Papa Francisco quer mais pastoral e menos administração, mais missão e menos estruturas, mais proximidade do povo e menos burocracia.

Perguntas da humanidade

1) **A pergunta sobre a morte** – O tempo é breve, tudo passa, a morte é certa. A certeza da morte nos faz refletir, perguntar, mudar. Obriga a pensar. Alguém disse: a filosofia é produto da morte. Para o homem moderno, a morte é tabu. Para o homem sem fé, a morte é absurdo. Para quem crê, a morte é porta, entrada, início. A interrogação sobre a morte ajuda-nos a mudar o que está errado, a fortalecer o bem, a justiça, o amor, a ter consciência da nossa fragilidade. Ela é a "escola do essencial". Os santos dizem: "o dia da minha morte será o dia da maior festa da minha vida".

Para os cristãos a morte foi vencida pela ressurreição de Jesus, é início da vida plena, é condição para a visão de Deus face a face. É o "dia natalício" para a eternidade da alegria, na luz, na paz, na comunhão dos santos. Jesus "matou a morte". Nossa vida não é tirada, mas transformada. Para Francisco de Assis, a morte é nossa irmã porque nos leva a estar com Cristo.

2) **A pergunta sobre a liberdade** – Importa sermos livres do mal para a prática do bem. O direito à liberdade nos faz lutar pela democracia, pela libertação, pela inclusão contra todas as escravidões e exclusões. Liberdade sem responsabilidade é anarquia. Liberdade sem a verdade é libertinagem. Justiça sem liberdade é ditadura.

Ser livre não é fazer o que eu quero, mas o que eu devo. Liberdade é dom e tarefa. Cristo nos libertou para sermos livres, para vivermos em comunhão e participação, em relação com os outros através do diálogo. Pela liberdade somos interlocutores com Deus, com os outros e com a história.

3) **A pergunta sobre a unidade** – Temos o desejo, o sonho, a expectativa da união, da fraternidade, do ser família, da convivência, do respeito mútuo. A divisão, a discórdia, a agressão, a briga, a violência são sempre destrutivas. Da unidade vem a paz, o bem-querer, o sucesso, a alegria. O outro não é uma ameaça, um inimigo, um estranho, mas um peregrino da verdade, um igual a nós em dignidade, um amigo, um irmão. A solidariedade, a interdependência, a corresponsabilidade, a confraternização, o altruísmo, o voluntariado são expressões da unidade.

Hoje, a unidade tem o nome de globalização, ecumenismo, reconciliação, diálogo, interação. A unidade vence a solidão, o vazio, a distância, as exclusões, e promove a comunicação, a aproximação, pois o mundo é um jardim com flores diferentes. A união dos opostos, o encontro dos diferentes é a beleza da unidade.

4) **A pergunta sobre o sentido** – Sem dar significado e sentido à vida, caímos na ilusão, no engano, no vazio, na neurose, na depressão. Sentido quer dizer razão para viver, valores a defender, rumo e bússola a seguir. A pergunta pelo sentido da vida nos leva a Deus. A busca da verdade, do bem, da liberdade, da justiça e da beleza é sinal de saúde psíquica, de esperança, de expectativa. A ordem, o tempo, a história se constroem a partir do sentido e do significado que damos aos valores. A fé abre as portas de novos horizontes, ideais, sonhos. Tudo tem sentido, nada é inútil, existimos para ser mais, crescer e chegar à plenitude.

Palavras que fazem a diferença

Faz bem para o ministério presbiteral usar palavras e gestos que muito contribuem para uma relação saudável entre o padre e o povo.

1) **Com licença** – Esta palavra expressa respeito, gentileza, educação, nobreza e fineza. Abre o coração de quem a ouve, porque é uma manifestação de humildade e de boas maneiras de convivência. É jeito de venerar a dignidade da pessoa e o valor do ser humano. Há um livro com o título *O poder da gentileza* que nos ajuda a descobrir como a simpatia faz bem a todos, porque uma simples cortesia desperta sorriso, gratidão, alegria. Quem diz "com licença" diz: eu venero, considero, respeito você, reconheço sua dignidade. Cada pessoa é a mais importante do mundo.

2) **Obrigado** – Saber agradecer é um ato de justiça porque somos devedores a Deus e aos outros por tudo o que somos e temos. Quem agradece atrai favores para si mesmo. Dizer obrigado não é só questão de educação, mas de humildade, reconhecimento, consciência, fineza. Há um obrigado que dizemos com os lábios, mas o que dizemos com gestos e atitudes falam bem mais alto.

A rotina, a mediocridade, as omissões nos levam ao esquecimento de manifestação de agradecimento. Sem dúvida, nossa atitude de gratuidade, de altruísmo e de voluntariado é um jeito certo de sermos agradecidos.

3) **Desculpe** – Pedir perdão, desculpar-se, reconhecer que erramos é um dos gestos mais nobres que podemos ter. Nossa

grandeza está em reconhecermos nossa miséria. O perdão reata amizades, aumenta a paz interior, cura doenças, favorece a comunicação. Para viver e conviver bem, existe um preço, uma condição: perdoar. Nada pior que sermos envenenados por sentimentos negativos de mágoa, ressentimento, raiva, ódio. Quem não perdoa é perdedor. Quem perdoa é vencedor.

4) **Coragem** – Saber encorajar, consolar, aconselhar, entusiasmar é uma obra de misericórdia. Uma palavra positiva, construtiva, encorajadora é remédio, é luz, é graça de Deus, é palavra de vida. Incutir coragem é um ato de amor fraterno e de positividade. A coragem nos fortalece para vencer negativismos, desânimos, depressões, decepções. Tenhamos a coragem de encorajar e consolar os irmãos.

5) **Parabéns** – Como é bom ser elogiado, reconhecido e gratificado. Parabenizar é partilhar das vitórias, alegrias, sucessos das pessoas. É reconhecer as lutas, as conquistas, os méritos de quem lutou e venceu. Quem recebe nossos cumprimentos sente-se valorizado e motivado a continuar, perseverar e persistir no bem. Dar parabéns é estimular a pessoa para ir além. O ser humano, ao receber os parabéns, recebe a gratidão e a coroação do bem que faz, a alegria da vitória. Isso nos faz sentir úteis à sociedade e benfeitores da humanidade.

6) **Bom dia** – Uma saudação é uma bênção, um benquerer, um impulso positivo. Saudar é acolher o outro, desejar-lhe o bem, agradecer por sua vida, reconhecer sua dignidade. Um bom dia faz milagres, porque somos aceitos, valorizados, reconhecidos. Isso melhora nossa autoestima e o desejo de ser melhores do que somos. Dizer um bom dia é dizer eu te quero bem, eu desejo o melhor para ti, eu estou torcendo pelo teu sucesso, tu és importante para mim, eu quero que sejas feliz. Bom dia é o mesmo que dizer: eu te abençoo, estou torcendo pelo teu bem, vai dar certo.

O padre e as obras pastorais

1) **Messianismo** – É a mania de fazer planos pastorais, sem consultar a vontade de Deus. Daí vem o estrelismo das pessoas que se projetam a si mesmas. Deus fica em segundo lugar, serve de estepe para que nossos planos não falhem, segundo nossa vontade, nossas ideologias e nossas óticas.

2) **Ativismo** – Pouca oração e muita agitação. Vale o que eu faço e não o que eu sou. A pastoral vira profissão, burocracia. O ativismo leva à impaciência apostólica. É fruto do vazio interior e da vaidade pessoal.

3) **Perfeccionismo** – Busca-se o êxito, o sucesso, o resultado. A confiança não está na graça de Deus, mas nos planos e ações bem escritas nos livros pastorais e nas pessoas envolvidas. Tudo deve dar certo.

4) **Mutismo** – Consiste em calar verdades, omitir correções e falar só o que agrada. As grandes verdades silenciadas são: a castidade, o purgatório, o inferno, a infidelidade conjugal, a renúncia. O que importa é agradar. Por isso, há falta de profetismo.

5) **Pessimismo** – Pregam-se problemas, incertezas, azedumes e queixas. A Palavra de Deus não é proclamada. No seu lugar estão as dúvidas, suspeitas e vazios do pregador, do catequista, do pastoralista. Joga-se sobre o povo problemas pessoais não resolvidos.

6) **Falta de esperança** – É o pecado do reducionismo, que consiste em reduzir a esperança, não crer na ressurreição, na eternidade, na vida futura. Tudo fica reduzido a este mundo, à matéria, à ciência experimental. Sem esperança não há consistência.

7) **Burocracia** – As pessoas são deixadas de lado e esquecidas. Cumprem-se as leis, marca-se o ponto, tudo vira pura burocracia eclesiástica e administração. O burocrata cumpre o dever, mas abandona as pessoas, os pobres, os sofredores. O que importa é o funcionamento da máquina eclesial.

8) **Discriminação** – Uns são privilegiados e outros descartados. Uns bem recebidos e outros rejeitados. Faz-se acepção de pessoas. Os ricos, os amigos, os privilegiados têm vez, os outros são discriminados.

9) **Sectarismo** – É a falta de abertura, de pluralismo e de ecumenismo. Sectário é que secciona, busca o que lhe interessa e agrada. É o grupismo. Só meu grupo, minha espiritualidade, meu movimento, minha pastoral, meu interesse é que vale. O sectário ignora o outro, o diferente e o despreza, critica e combate, falta o espírito de comunhão e de unidade. É a pastoral de gavetas e sem articulação que acaba no paroquialismo.

10) **Carreirismo** – É a busca de promoção. Fecha-se na própria experiência e desfaz a experiência dos outros. Eu é que estou certo os outros estão errados. O carreirista acha-se insubstituível e infalível. Não solta os cargos. Perpetua-se no poder. E grudado na sua função. Mata a pastoral pelo apego ao poder. Não quer mudança nem transferência. Não dá lugar para os outros.

11) **Individualismo** – É quem espera gratificações, recompensas, aplausos e louvores. Precisa toda hora de elogios, pois do contrário cai em aflição ou na crítica azeda. O que vale é a sua imagem, sua fama, a projeção de si.

12) **Perda da alegria** – Faz tudo por obrigação, cai na rotina, vive na superficialidade. Não tem entusiasmo, perdeu a alegria e o humor. Vem a amargura e a dramatização da vida.

13) **A mesmice** – É quem perdeu a criatividade, caiu na instalação, na mediocridade. Faz tudo sem amor, instala-se nos próprios defeitos e os justifica. Tem explicação para todos os seus erros e desleixos. Não muda e não se dispõe a mudar.

14) **Vitimismo** – É quem se acha injustiçado, rejeitado e por isso vive na apatia, arranja doenças, apega-se a defeitos psicológicos para justificar o vitimismo. Vive mais cuidando de si do que da pastoral do rebanho.

15) **Inveja pastoral** – Consiste em menosprezar o trabalho dos outros, aumentar seus defeitos, competir e tratar os outros com cinismo. O invejoso procura bloquear o sucesso alheio. Acontece aqui a "contradição dos bons", ou seja, não recebemos apoio e incentivo dos nossos colegas, amigos, irmãos de caminhada, pelo contrário, somos invejados, incompreendidos e criticados.

Para uma sadia evangelização precisamos da "conversão pastoral" pela qual venceremos as sombras pastorais, como aponta o Documento de Aparecida.

O padre e as verdades complementares

Uma verdade ilumina outra, favorece o equilíbrio, a virtude, o bom-senso. Evita-se a unilateralidade, o excesso, o exagero. Tanto a Escritura Sagrada como a racionalidade filosófica oferecem verdades complementares que nos auxiliam na arte de viver e de amar. Vejamos alguns desses binômios:

1) **Justiça e paz se abraçarão** – Somos torcedores da paz, mas ela traz consigo o preço da justiça, dos direitos humanos, da equidade. Na verdade, justiça e paz são siamesas, gêmeas, interdependentes.

2) **Amor e verdade se encontrarão** – A mente humana apetece a verdade, porém, a verdade verdadeira é o amor. Verdade sem amor é racionalismo, iluminismo, dominação. Mas, o amor sem a verdade, cai na permissividade, romantismo, platonismo. O amor torna a verdade amável. O coração tem razões que a razão desconhece. O coração é porta da inteligência.

3) **Liberdade com responsabilidade** – Que engano formidável é a liberdade sem responsabilidade. Cai-se na arbitrariedade, libertinagem, egocentrismo, primazia do mais forte e esperto. Tudo em nome da liberdade. Aliada à responsabilidade, a liberdade consiste em fazer o que devo, ou seja, a liberdade não fere a verdade, nem o amor.

4) **Ciência e consciência** – Em nome da ciência se faz aborto, clonagem, armas químicas, bombas atômicas, eutanásia. A ciência precisa de consciência para não cair na ideologia, na manipulação, no abuso do poder. A consciência defende valores e apresenta limites à ciência, sempre na defesa da vida e da dignidade humana.

5) **Fé e obras** – A fé que não leva às obras, ao amor fraterno, é infantil e incompleta. Fé é o amor em ação. Agimos pela fé. O diabo tem fé, mas não pode ter boas obras. A fé sem obras é morta. Assim, a oração sem a ação acaba em misticismo, como ação sem oração é ativismo.

6) **Direitos e deveres** – Temos de defender os direitos humanos e os direitos de Deus, mas sem o respeito pelos deveres não conseguimos dar grandes passos. Cumprir o dever não é legalismo, é maturidade, é responsabilidade, é exigência ética. Por trás de um dever está o bem, uma finalidade positiva e até uma perfeição. Quem cumpre seu dever é agente de paz, um promotor dos direitos.

7) **Veracidade com caridade** – Dizer a verdade sem caridade, pode ferir. O jeito de dizer a verdade é o segredo de seu sucesso. Com jeito, com caridade, a verdade é acolhida, é bem-vinda, é assimilada. Os gestos falam mais do que as palavras. Mais vale o bom exemplo que mil discursos. A veracidade com caridade cativa, seduz, convence. Dizer a verdade sem caridade é assassinar o outro. Dizê-la com amor é recriá-lo.

Preocupar-se com o outro

Alegrar-se com o bem-estar e o sucesso dos outros eis que traz paz interior e felicidade profunda. Querer o bem-estar dos outros faz bem para nós próprios. É a suprema emoção, é a satisfação mais plena, cuja lei máxima é "não prejudicar".

Precisamos de treino, esforço, disciplina e conduta ética para o desapego de nós mesmos e colocar em primeiro lugar os interesses e o bem-estar dos outros. É assim que nos tornamos altruístas. Para que experimentemos a felicidade pelo bem-estar alheio precisamos de: paciência, compaixão, humildade, tolerância, perdão. Essas virtudes facilitam a empatia que nos leva a ocupar-nos com outros. De que adianta sermos religiosos e não nos ocuparmos com seu bem-estar?

A lei é esta: "quanto mais consideração pelos outros, mais felicidade genuína teremos". O altruísmo é componente essencial da felicidade. A sensibilidade, a compaixão, a ternura e a compreensão fortalecem em nós o sentimento de confiança, isso tudo traz as maiores alegrias e satisfações.

Cada vez que acordamos para começar um novo dia, precisamos reavivar a decisão de querer o bem dos outros. O que pensamos, dizemos, fazemos, desejamos, omitimos é que condiciona a paz interior ou gera emoções aflitivas. Quem desvia o foco de atenção de si mesmo para os outros, conquista a liberdade e a paz. A preocupação excessiva consigo mesmo aumenta o sofrimento.

Para viver bem o tempo e sentir o significado na vida é preciso tratar os outros como irmãos, não prejudicar a vida, fazer tudo pelo seu bem. As religiões que ajudam a amar o próximo, a ter atitudes altruístas, a ter compaixão e respeito, são remédio para as dores da vida e chave para um mundo melhor.

A nossa realização pessoal é fruto da saída de nós mesmos, da transcendência até ao outro, do altruísmo, do voluntariado e da gratuidade. A atenção exagerada sobre nós mesmos alimenta a hipertensão e a depressão. O amor altruísta é remédio que faz nossa vida saudável, salva e santa. Quem faz da sua existência uma pró-existência, faz de sua vida um monumento. Todo o bem que fazemos aos outros não morre. Portanto, é o bem e o amor que conferem sentido à vida e nos enchem de esperança, nos projetam na eternidade.

Querer o bem-estar dos outros é ajudar os que perderam o rumo, servir os necessitados, consolar os aflitos, dar abrigo aos peregrinos, proteger os desamparados, socorrer os que estão em perigo. Esta é a lógica da gratuidade que traz a felicidade e o sentido da vida. Nascemos para ajudar os outros a viverem bem. Mais que vizinhos ou amigos, somos irmãos. A maior pobreza da vida é a reclusão sobre nós mesmos, o fechamento, o isolamento, o egocentrismo.

No mundo somos uma grande família, cujo segredo está na interação, na relação, na integração e reciprocidade entre as pessoas e os povos. Somos uma só carne. O capital mais precioso e autêntico é o ser humano. É preciso então criar riqueza para todos porque as desigualdades sociais indicam que somos egoístas, dominadores, exploradores. Os povos da fome se dirigem de modo dramático aos povos da opulência, para que se implante a prática do bem comum, que leva ao cuidado do outro e pelo outro. A lógica da dádiva e o princípio da gratuidade superam o espírito mercantil agressivo e destruidor dos fracos. Toda a questão social e econômica é antes de tudo uma questão antropológica cujo princípio é a dignidade e a centralidade da pessoa. Temos tanta tecnologia e pouca sabedoria, tanto hiperdesenvolvimento material e tanto subdesenvolvimento ético, espiritual e humanitário.

Quem pensa no bem-estar dos outros não destrói o meio ambiente, não se vale da corrupção, não explora nem exclui. A miséria maior é aquela espiritual que desconhece e rejeita a verdade e o amor. Não haverá bem comum, nem o bem-estar dos outros, sem o desenvolvimento ético e espiritual. O amor nos dá coragem para procurar o bem de todos e por todos sofrer e lutar.

O padre e o bispo em comunhão

I – Da *Epístola aos Efésios*, de Santo Inácio de Antioquia, bispo e mártir

Na concórdia da unidade

"De todos os modos vos convém glorificar a Jesus Cristo que vos glorifica, para que, perfeitamente unidos na obediência, sujeitos ao bispo e ao presbítero, vos santifiqueis em tudo.

Não vos dou ordens, como se fosse alguém. Mesmo carregado de cadeias por causa do nome de Cristo, ainda não sou perfeito em Jesus Cristo. Só agora começo a ser discípulo e vos falo como a condiscípulos. Eu é que deveria ser ungido por vossa fé, exortações, paciência, serenidade. A caridade, porém, não me permite calar a vosso respeito; resolvi por isto adiantar-me e exortar-vos a serdes bem unidos ao pensamento de Deus. Jesus Cristo, nossa vida inseparável, é o pensamento do Pai, da mesma forma como os bispos em toda a extensão da terra são o pensamento de Jesus Cristo.

Convém, pois, que vos encontreis com o pensamento do bispo, como, aliás, já o fazeis. Na verdade, vosso inesquecível presbitério, digno de Deus, está unido ao bispo como as cordas à cítara. Deste modo, em vosso consenso e caridade, ressoa Jesus Cristo. Cada um de vós, igualmente, forme um coro, uníssono na concórdia, recebendo a melodia de Deus na unidade, para cantardes a uma só voz por Jesus Cristo ao Pai. Este vos ouvirá e reconhecer-vos-á por vossa atitude como membros de seu Filho. É, na verdade, útil para vós estar na imaculada unidade, a fim de que participeis sempre de Deus.

Se eu, em tão curto tempo, fiz tão grande amizade, não humana, mas espiritual, com vosso bispo, como vos considero felizes por lhe estardes unidos à semelhança da Igreja a Jesus Cristo e como Jesus Cristo ao Pai; para que de tudo resulte a unidade! Ninguém se engane, se alguém não estiver junto do altar, ficará privado do pão de Deus. Se a oração de um ou dois tem tamanha força, quanto mais a oração do bispo e de toda a Igreja!"

II – Início da *Epístola aos Magnésios*, de Santo Inácio de Antioquia, bispo e mártir

Convém sermos cristãos não só de nome, mas de fato

"Inácio, o Teóforo, à Igreja, santa pela graça de Deus Pai em Jesus Cristo, nosso salvador; nele saúdo esta Igreja que está em Magnésia, junto ao Meandro, e desejo-lhe em Deus Pai e em Jesus Cristo plena salvação.

Ao tomar conhecimento de vossa religiosa caridade perfeitamente ordenada, decidi, exultando na fé de Jesus Cristo, vir falar convosco. Ornado com o nome mais glorioso nas cadeias que carrego, louvo as Igrejas; para elas desejo a união com a carne e o espírito de Jesus Cristo, nossa vida sem fim, e a união na fé e na caridade.

Nada há de preferível a isto, máxime a união com Jesus e o Pai; nele suportamos toda a violência do príncipe deste mundo, dele escapamos e, assim, alcançamos a Deus.

Foi-me concedido o favor de vos ver através de Damas, vosso bispo, digno de Deus, e dos presbíteros Basso e Apolônio e também do meu companheiro de serviço, o Diácono Zócion; possa eu com ele conviver, porque é submisso ao bispo como à benignidade de Deus e ao presbítero, como à lei de Jesus Cristo.

Contudo não vos convém usar de excessiva familiaridade para com o bispo por causa de sua idade, mas, em consideração ao poder de Deus Pai, mostrar-lhe todo o respeito; como soube que os santos presbíteros não abusam de sua notável juventude, mas, prudentes em Deus, obedecem-lhe, ou melhor, não a ele, mas ao Pai de Jesus Cristo, o bispo de todos. Por isso, em honra daquele que nos ama, faz-se mister obedecer sem hipocrisia; porque não é a este bispo visível que alguém ilude, mas é ao invisível que tenta enganar. Tudo quanto se faz neste sentido não se refere à carne, mas a Deus que conhece todo o oculto".

III – Da *Epístola aos Magnésios*, de Santo Inácio de Antioquia, bispo e mártir

Uma só oração, uma esperança na caridade, na santa alegria

"Contemplando na fé e amando, através das pessoas acima mencionadas, a todos vós exorto a empregardes todo o empenho em fazer tudo na concórdia de Deus, sob a presidência do bispo em lugar de Deus e dos presbíteros em lugar do senado apostólico e dos diáconos, meus caríssimos; a eles foi confiado o ministério de Jesus Cristo, que antes dos séculos era com o Pai e apareceu no fim dos tempos. Todos, pois, recebida a mesma vida divina, respeitai-vos mutuamente e ninguém considere o próximo segundo a carne, mas em Jesus Cristo amai-vos sempre uns aos outros. Nada haja em vós que vos possa separar; uni-vos ao bispo e aos que presidem, como uma figura e demonstração da imortalidade.

Da mesma forma que, sem o pai unido a Ele, o Senhor nada fez nem por si nem pelos apóstolos, assim também vós, sem o bispo e os presbíteros, nada executeis. E não tenteis fazer passar por coisa boa o que se fizer em separado. Mas reunindo-vos seja uma só a oração, uma prece, um só modo de pensar, uma esperança na caridade, na santa alegria; um só é Jesus Cristo, mais excelente do que tudo. Uni-vos e ide todos ao templo de Deus, como a um só altar, a um só Jesus Cristo. Este, como sabeis, proveio do único Pai com o qual viveu e para o qual voltou.

Não vos deixeis seduzir por doutrinas estranhas e velhas e inúteis fábulas. Se ainda vivemos de acordo com a lei judaica, confessamos não ter ainda recebido a graça. Pois os santos profetas já viveram em conformidade com Jesus Cristo. Por este motivo, inspirado por sua graça, sofreram perseguição, a fim de incutir certeza nos incrédulos de que há um só Deus, que se manifestou por Jesus Cristo, seu Filho, seu Verbo brotado do silêncio, que em tudo agradou àquele que o enviara".

O padre e o mistério de seu eu

O mistério do nosso eu significa que "eu devo ser eu mesmo, ser para os outros e ser de Deus". Nosso eu real é distinto do eu ideal; ou seja, aquilo que gostaríamos de ser. Além disso, nosso eu tem quatro áreas que chamam nossa atenção.

1) **Área cega** – Desconhecida por nós e conhecida pelos outros. É o nosso "eu cego" que culpa os outros, machuca sem perceber, é insensível com as pessoas, não aceita correções, não sabe ouvir. É convencido de si e não tem autocrítica. Vive em flagrante incoerência e contradição, não tem autopercepção. Critica os outros e não percebe as próprias lacunas e limites. O sofrimento, o diálogo, a terapia, as leituras, ajudam a superar o "eu cego".

2) **Área oculta-conhecida por nós e desconhecida pelos outros** – É o nosso "eu secreto" inseguro, tenso, crítico, racionalizador. Não queremos ser descobertos em nossas feridas, carências e fraquezas. Vivemos escondendo nossas sombras, driblando nosso relacionamento, oferecendo uma imagem de nós mesmos, que não corresponde à realidade. Nosso "eu oculto" é desconfiado, bisbilhoteiro, questionador, defensivo. Temos medo da comunicação. Em certas situações nosso eu passa a ser "encouraçado", intocável, defensivo, resistente, impenetrável. Nosso eu secreto será curado e superado pela fala das emoções, dos sentimentos, da intimidade, que acontecem na experiência da amizade, da direção espiritual, da oração e da terapia.

3) **Área desconhecida por nós e pelos outros** – É o nosso "eu desconhecido", que faz de nós pessoas misteriosas, frias, rígidas, distantes. Falta-nos transparência, vivemos nos escondendo e fe-

chados em nós mesmos. Não nos damos a conhecer. Nosso relacionamento é distante, embaraçado, sem entusiasmo. Fazemos um pacto com a mediocridade e tudo racionalizamos. Os sentimentos, emoções, afetos são tidos como fraqueza, efeminação, moleza. Eis o nosso "eu desconhecido" por nós e pelos outros. Gastamos muita energia para manter esta prisão, este estilo de vida. Não se trata de culpa pessoal, mas de necessidade de conscientização.

4) **Área livre ou "eu aberto"; conhecida por nós e pelos outros** – Eu sou aquilo que sou. Aceito-me e gosto de mim mesmo. Tenho autoestima. Mostro meus sentimentos e tenho confiança nas pessoas. Sinto-me livre em dar minha opinião, sou objetivo e tenho facilidade de participação. Percebo a franqueza e transparência brilharem em mim. Não preciso de máscaras, imagens falsas, poses, aparências. Sou um livro aberto. Sinto-me livre, transparente, aberto.

O mistério do nosso eu significa amar nossa originalidade e fazer as pazes com nossas sombras e nossas qualidades. Crer que somos amados por Deus e deixar-se amar não é coisa fácil. Este, porém, é o caminho de amor fraterno e solidário. Precisamos cuidar de nós mesmos, como condição para cuidar dos outros. Nada pior que estar em guerra consigo mesmo, rejeitar-se, flagelar-se. Somos pó e luz, grandeza e fraqueza. O narcisismo e o apego a si mesmo são destrutivos. Eis o nosso inferno. Nada mais embriagante e irradiante que amar e ser amado. Cuidar de si para doar-se ao outro. Quem cuida de si, cuida do universo, do bem-estar de todos. Ama-se para sair de si.

Não podemos amar, se não somos nós mesmos, sem aceitar a nobreza e fraqueza que nos são inerentes, experimentar nossa dignidade e insignificância. O amor devolve a cada um a sua identidade. A experiência de ser amado leva ao estremecimento, ao fascínio, à plenitude, ao transbordamento, à iluminação. Nossa vida é uma história de amor, da epifania do amor, da beleza irradiante, da embriaguez e exultação pela vida dos irmãos. Quanto mais descobrimos o mistério do nosso eu, mais conquistamos o reino da liberdade e da fraternidade.

O ato de perdoar

Perdoar não é fácil, mas é o caminho mais eficaz para a convivência humana saudável e feliz. Nosso viver e conviver sobrevivem graças ao perdão que é uma atitude de amor incondicional, de compreensão, de misericórdia e de alta sabedoria.

Quem não perdoa é um perdedor. Perde de dois a zero porque frustra o relacionamento humano e carrega dentro de si o lixo da mágoa e amargura. Quem perdoa alcança o zero a zero, ou seja, restabelece a comunhão e expulsa o veneno do ressentimento. Terá saúde física, psicológica, social e espiritual. O perdão é remédio, cura, excelente terapia.

Quem não perdoa não esquece o mal e sofre a doença da "compulsão da repetição"; vive sempre lembrando, repetindo, desabafando a dor interna. Por não perdoar irá sempre culpar alguém e vingar-se. Isso tudo aumenta o sofrimento e o desgaste físico. Perdoar é tirar a raiz da amargura.

Perdoar é compreender, desistir de julgar e de culpar os outros. Isto é possível quando reconhecemos que somos barro. Ninguém é infalível. Quando aceitamos nosso barro e o dos outros, conseguimos perdoar. Com o perdão conseguimos dar um novo significado ao fato que nos magoou, temos nova compreensão, novo olhar, novo sentimento sobre fatos e pessoas. O perdão muda a realidade porque é encontro com a verdade.

Perdoar é reatar o relacionamento rompido, é colocar-se nas mãos do outro, abdicar do julgamento pessoal. É um gesto de gratuidade no qual fazemos o dom de nós mesmos. Sem o perdão somos pesados, doentes, depressivos, agressivos, desumanos. Perdoar é re-humanização de si.

A falta de perdão torna falsa e estéril a oração. O rancor, a mágoa, o ressentimento impedem a ação da graça. O sentimento negativo é uma energia venenosa que se transforma em doença, insônia, agressividade, imoralidade, alcoolismo, barulho, farra etc. Muitos problemas da vida têm sua raiz na falta de perdão.

A mágoa, o ressentimento, a amargura, são energias e sentimentos destrutivos. Assim, quem não perdoa odeia a verdade, carrega veneno na alma, destrói o bem, afasta-se da caridade, vive no azedume e critica, fere o coração, morre aos poucos, sente-se perdido. Só resta o vazio, a solidão e a algazarra para abafar o mal-estar interior.

As consequências negativas da falta de perdão são tão perigosas e destruidoras que a Bíblia aconselha a perdoar antes do pôr do sol. Não deixar para amanhã. Não ir dormir com raiva: "Não se ponha o sol sobre a vossa ira" (Ef 4,26). Igualmente Jesus manda perdoar setenta vezes sete, isto é, sempre, imediatamente e de todo coração. O perdão é tão benéfico que deve ser dado incondicionalmente, totalmente, incansavelmente. Na oração do Pai-nosso, o perdão está ao lado do pão de cada dia. O perdão também é pão da vida, porque é o amor sem medidas, amor de mãe, amor misericordioso. É o perdão que possibilita a fraternidade e a boa qualidade do relacionamento humano.

O perigo do estresse

1) A ambição, o desejo de prestígio e a fome de sucesso levam ao estresse. A primeira condição para despistar o cansaço é desligar-se dos resultados. Façamos tudo o que podemos, mas os resultados não podem nos escravizar. Abandonar a tirania das preocupações e centrar-se nas ocupações só pode ajudar na superação do estresse. Ocupação sim, preocupação não. Busquemos as soluções sem dramatizar os problemas. O mal não merece mercado.

2) Vive-se hoje sob a pressão do tempo, do trânsito, do trabalho, da crise familiar. É a "tirania do urgente" acoplada à "compulsão pelo lucro". Nada melhor, para escapar do estresse, do que o exercício físico e a grata satisfação de boas amizades. Amizade e esporte ajudam a relaxar, rir, esquecer, relativizar. Uma boa convivência com amigos é remédio salutar.

3) Somos muito negativistas e não cuidamos da autoestima. Chegamos a duvidar que somos amados por Deus. A fé no amor de Deus, a sabedoria de saber perdoar e a meditação silenciosa, como também a oração, nos transportará para o nível alfa da frequência cerebral. Isto nos fará repousar, descansar e restaurar as energias. "A oração faz de nós leões."

4) A competição, o perfeccionismo e a pressa são altamente estressantes. O remédio é eleger prioridades e estabelecer limites. As rãs queriam ser como o boi e estouraram. Quem tem disciplina, planejamento e prioridades, trabalhando com amor, colocando afeição no que faz, não se cansa. O amor não cansa, nem se cansa,

diz São João da Cruz. O importante não é fazer muitas coisas, mas fazê-las com amor.

5) A pressa é inimiga da ordem e cria hipertensão. Por trás da pressa está a ambição do sucesso, do lucro, uma louca corrida em busca do vazio e do enfarto. Então, evitemos a pressa, desfrutemos daquilo que estamos fazendo e valorizemos o lado bom da vida. "Somos o que pensamos." Jesus convida: "Vinde à parte, num lugar deserto, e descansai" (Mc 6,30-31).

6) Quem vive se comparando com os outros, desgasta-se com invejas e competições, não vive o presente, mas está atrelado às culpas do passado ou às ambições do futuro, vive sob pressão e contínuo desgaste. Melhor seria sentir gratidão pelo passado, paixão pelo presente, esperança em relação ao futuro. A fé nos proporciona todos estes bens. Pela fé vamos bem mais longe que nosso pé. A fé é a vitória da vida e a derrota do mal. Pela fé deixamos Deus e os outros nos ajudarem. Sem fé até um grão de areia é pesado, mas com a fé as montanhas se parecem a um grão de areia.

O padre e os quatro cristianismos insuficientes

1) **Cristo sem carne** – A encarnação, a humanidade de Jesus, a inculturação do Filho de Deus em nossa história é a maior elevação da pessoa humana. O Cristo sem carne é aquele cristianismo longe do outro, sem o irmão, sem amor pelos pobres, pessoas doentes, é um misticismo intimista, rubricista, sem compromisso com o mundo, com a realidade; portanto, cristianismo desencarnado, alienado, desinteressado pelo irmão. Cada irmão é continuidade da encarnação de Jesus. O humanismo de Jesus de Nazaré, seu jeito de ser, seu corpo, alma e vontade humana nos impelem ao compromisso com a vida, a sociedade, a história, a política. O Cristo sem carne retrata um cristianismo espiritualista, acomodado, invertido. O Evangelho convida-nos a ir ao encontro do outro, ver o rosto do irmão, valorizar sua presença física. O Papa Francisco fala da "reconciliação com a carne do outro" (*EV* 88). Tocar na carne do pobre, do doente, do sofredor é tocar na carne sofredora de Jesus, lembra o papa.

2) **Cristo sem Igreja** – Encontramos pessoas que aceitam Cristo, mas rejeitam a Igreja. Admiram Cristo, mas não aderem à Igreja, aos sacramentos e à vida pastoral da comunidade. Sabemos, porém, que a Igreja é o corpo de Cristo. Um Cristo sem Igreja é cabeça sem corpo. Um Cristo sem Igreja é uma anomalia, pois quem quis a Igreja foi Jesus. Ela é o instrumento da salvação que

continua a ação de Jesus Cristo na história até o fim dos tempos. Jesus quis a Igreja. Cristo sem Igreja é uma forma de cristianismo insuficiente. Quem ama Cristo, ama também a Igreja pela qual Ele deu sua vida.

3) **Cristo sem o reino** – Eis mais uma caricatura de Jesus Cristo. Toda a Palavra e pregação de Jesus é o Reino de Deus que se manifesta nas curas, milagres, opções, atitudes e gestos de Jesus. Os cegos veem, os coxos andam, os leprosos são limpos, os pobres são libertados, os pecadores são perdoados. Tudo isso é o Reino de Deus. Separar Jesus e o reino é uma aberração, uma manipulação do Evangelho, uma opção ideológica. Entendamos a relação entre fé e política à luz do Reino de Deus.

4) **Cristo sem a cruz** – Esta é a religião da facilidade, da prosperidade, da fé sem ética. Hoje há uma rejeição cultural da renúncia, do sacrifício, da abnegação de si, do sofrimento. Em outras palavras, somos batizados, mas não evangelizados: "cristãos com vida de pagão". Uma espécie de "mundanidade espiritual" como diz o Papa Francisco. Criamos um Jesus à nossa imagem e semelhança porque escolhemos apenas uma parte do Evangelho. Paulo Apóstolo fala dos inimigos da cruz de Cristo, cujo Deus é o ventre. Eis mais uma forma de cristianismo insuficiente. Jesus crucificado e ressuscitado é o coração do cristianismo.

Quem quer Cristo mas não quer a cruz opta por um estilo de vida com verniz cristão, por uma religiosidade sem compromisso com os irmãos, com a comunidade e com a sociedade. Sem a cruz nem sequer somos salvos. Com a luz que vem da cruz nos tornamos generosos, disponíveis sacrificados. A cruz é a força da missão, alívio na dor, estímulo para uma vida doada, oblativa, dadivosa.

Os tipos de silêncio e sua importância

1) **O silêncio sobre espiritualidade da cruz** – Na sociedade de consumo, na cultura do bem-estar e da prosperidade, na onda da facilidade, da sensação, do espetáculo, a cruz não tem vez. As virtudes da renúncia, mortificação, abnegação, sacrifício soam como coisas absurdas, antigas, cafonas, obscurantistas. Já o Apóstolo Paulo se referia aos inimigos da cruz e adoradores do estômago.

Sem cruz continuaremos viciados e dependentes de aparelhos eletrônicos como celular e a internet. Sem cruz permanecemos imaturos, prepotentes, delinquentes. Cruz tem tudo a ver com sabedoria, luz, crescimento, glória, salvação. Os quatro braços da cruz são nossos quatro pilares, o nosso DNA: filhos de Deus, irmãos dos outros, amigos de nós mesmos, cuidadores da criação.

2) **O silêncio sobre a eternidade** – As pessoas não querem lembrar da realidade da morte. Silenciamos reflexões sobre o inferno, o purgatório, o juízo e o céu. Perdemos o encantamento pelo que vem depois da morte. Muitos resolvem estas questões acreditando na reencarnação, outros no fim de tudo, no absurdo, no vazio, no nada.

O silêncio sobre a eternidade, a esperança e a vida após a morte é muito prejudicial, porque desvaloriza a vigilância, a esperança, a perspectiva da glorificação do bem, da justiça, da verdade e da vida. A eternidade nada mais é que ver Deus face a face, reencontrar as pessoas que partiram, usufruir da plena posse de todos os valores e bens, receber a coroação de todas boas obras, chegar à consumação da verdade, da liberdade, da alegria, do bem, do amor.

3) **O silêncio sobre a castidade** – Há uma resistência cultural a respeito da castidade. Esquecemos que esta virtude é uma proteção sadia do amor, da saúde, da amizade, da vida. A castidade é uma potencialidade, uma dimensão, uma possibilidade inerente à sexualidade. Por ela, organizamos os afetos desordenados, alcançamos a libertação de tudo o que nos escraviza, especialmente os vícios, as paixões, ilusões. A castidade humaniza a sexualidade, amadurece a afetividade, coloca limites às aberrações, aos egoísmos e narcisismos. A orgasmolatria não conseguiu fazer-nos nem livres, nem felizes. A carne não consegue saciar a fome de amizade verdadeira e do amor de Deus, que nos habita.

4) **O silêncio profético** – Não há mais profetas? Eis uma triste lamentação dos nossos tempos. O medo da profecia e o silêncio profético nos tornam acomodados, alienados, cultores da mesmice e da rotina. Sem profecia abafamos o grito dos pobres, a sede de justiça, as lutas sociais, os clamores por uma sociedade nova. Sem profecia, esquecemos o Reino de Deus, e permitimos que a corrupção, as desigualdades sociais, a destruição da natureza provoquem fome, miséria, cultura da morte. É hora de reagir, pois os profetas falam em nome de Deus e a favor do povo.

O Papa Francisco é um profeta da Igreja dos pobres, da Igreja missionária, da Igreja mais próxima do povo. Quanto mais nosso coração for aquecido pelas Escrituras, mais seremos discípulos, profetas e missionários.

Os comportamentos existenciais da vida de um padre

1) **Agressividade** – São expressões de ataque, oposição, ridicularização, difamação, vingança, protesto, ironia, calúnia. É uma atitude de defesa. Revela a insegurança, a fraqueza interior que é compensada pela atitude de poder. Outras vezes, a agressão é manifestação de mágoas, raivas, ressentimentos não resolvidos. O que na vida a gente não resolve, a vida devolve. As pessoas escravas de apegos e paixões também agridem. Amor e ódio andam juntos. Quem não tem pão nem afeto reage como uma fera enfurecida. Justiça e afeto são remédios para a cura da agressividade.

2) **Inferioridade** – É uma atitude de autodesvalorização que quase sempre acaba em baixa autoestima, não aceitação de si, autodesprezo, sentimento de rejeição e até de perseguição. Só uma atitude mental positiva e a fé no amor de Deus mudará quem sofre a dor da inferioridade. O amor de si e a autoaceitação são caminhos de libertação e amadurecimento.

3) **Exibição** – É uma atitude de compensação compulsiva. A pessoa quer mostrar-se, impressionar, seduzir, ser admirada, estar no centro. É um jeito exagerado e irreal da comunicação aliada à necessidade de autoprojeção. O exibicionismo é postiço, é pose, aparência. Projetamos nosso eu ideal fantasiado, imaginário, escondendo nosso eu real. Daí a artificialidade que acompanha a atitude exibicionista, ou seja, a necessidade de se impor

e de aparecer. Só a conscientização libertará a pessoa dos laços do exibicionismo.

4) **Dependência afetiva** – É querer ser cuidado, apoiado, protegido, consolado, favorecido, compreendido. É o apego a pessoas e coisas. Carência afetiva gera dependência, possessão, simbiose. A raiz do sofrimento moral é o apego, que acaba em ciúme, controle dos outros, manipulação, escravização. Confunde-se paixão com amor. Isso tudo tira a liberdade, o respeito, a compreensão no relacionamento cotidiano. Podemos curar nossa dependência afetiva pelo perdão, pela autoestima, pela ordenação dos afetos desordenados, pela aceitação do amor de Deus. Aceitar ser aceito. Descobrir nosso lado bom, as qualidades. "Sou a maravilha que Deus eternamente amou." Só os amados mudam.

5) **Gratificação sexual** – Significa viver a sexualidade na perspectiva biológica, cuja finalidade é o prazer, e não o amor. Não se cultiva o afeto, o sentimento, mas as vantagens pessoais. Em nossos dias a gratificação sexual é facilitada pelos meios de comunicação sobressaindo a internet e o abuso sexual de menores. É o sexo sem compromisso, sem vínculos, sem amor. O erotismo consiste em instrumentalizar o outro, enganar, aproveitar-se, conquistar e abandonar. Faz do outro matéria descartável. É a afirmação de si e a negação do outro, através da satisfação imediata do desejo. Sexo vira passatempo, diversão, erotização, genitalidade, sedução e conquista.

6) **Dominação** – É a atitude de poder, de supremacia, de autoritarismo. O relacionamento é de cima para baixo, de senhor-escravo. O dominador influencia os outros, dá ordens, procura convencer, quer sempre ter razão, acha que nunca erra, não aceita correção. A pessoa coloca a couraça do fechamento, da resistência, da obstinação. Sofrimentos, humilhações são oportunidades para a cura da mania de dominação.

7) **Medo do risco** – É o medo do novo, da crítica, do insucesso. Este medo faz a pessoa fugir do perigo, não enfrentar as dificul-

dades, usar de falsa prudência. Prefere o já conhecido e organizado, procurando sempre evitar o perigo. Teme-se o desconhecido e fica-se imobilizado pela dúvida. O medo do risco acaba gerando outros medos como: medo do sucesso, medo de mudança, medo de se conhecer, medo da diferença. Superemos os medos pela conscientização e pela fé.

Atitudes que fazem a diferença

Na vida existem poucas oportunidades para ser herói, mas nosso dia está marcado por pequenos gestos, que podem revesti-lo de grandeza e fazer a felicidade dos demais.

Vamos elencar dez pequenos gestos que qualificam o agir humano:

1) **Dar atenção às pessoas** – Não importa que alguém seja rico ou pobre, jovem ou velho, conhecido ou desconhecido, educado ou descortês. Pelo acolhimento e atenção mostremos que as pessoas são importantes e únicas.

2) **Manter o otimismo** – Agradecer a Deus o dom da vida e ver, antes de tudo, o bem que existe em cada pessoa. A vida é curta demais para desperdiçá-la com amarguras.

3) **Cultivar sempre o diálogo** – Dialogar é, antes de tudo, ouvir o que a outra pessoa tem a dizer. Mesmo quando temos obrigação de discordar, façamos isso com simpatia e respeito. É bom sempre manter abertas as portas para uma nova conversa.

4) **Ser amigo sincero e prestativo** – Muitos querem ter bons amigos e amigas, mas há quem esqueça de ser amigo. Amizade é cordialidade, respeito, atenção.

5) **Mostrar interesse pelos outros** – Ninguém gosta de quem se coloca como centro do mundo, querendo ser constantemente elogiado e iniciando todas as frases pelo antipático eu. O interesse pelos outros é o endereço da felicidade.

6) **Reconhecer os próprios erros** – Adão e Eva quiseram ser como deuses, negando o erro, e foram afastados do Jardim da Felicidade. Somos humanos, por isso, temos erros; porém, admitir perante o outro que efetivamente erramos, aumenta nossa credibilidade.

7) **Não poupar elogios** – O outro precisa saber que é amado. Há sempre, em todas as pessoas, coisas boas que merecem ser elogiadas. No fundo trata-se de um sentimento de bondade e de gratidão. Por outro lado, é louvável evitar as críticas destrutivas. Procuremos promover os outros. Isto abre a porta do amor.

8) **Aceitar o diferente** – Deus não cria ninguém em série. A diferença enriquece a convivência. Um jardim é bonito porque existem muitas variedades de flores. Amar é aceitar o diferente. A beleza da orquestra está na harmonia de sons e instrumentos diferentes.

9) **Solicitar a opinião e ajuda dos outros** – Todos têm sua verdade, seus pontos de vista. A opinião dos outros costuma melhorar a proposta original. Não tenhamos receio de dar nossa opinião e aceitar que ela possa não ser levada em conta.

10) **Cultivar a gratidão** – Na realidade, as melhores coisas da vida não são pagas: a própria vida, o ar, o sol, a graça, a amizade são pura gratuidade. Façamos o que pudermos para fazer felizes os demais. A gratuidade de uma visita, de um sorriso, de um elogio, de um perdão comprova o grau de maturidade das pessoas, alegra o coração e traz felicidade.

Os "s" cativantes na vida de um padre

1) **Simplicidade** – As pessoas simples nos cativam. Sentimo-nos bem com os simples. Jesus faz questão de ser e viver na simplicidade. São João XXIII aconselhava: "não complicar o que é simples, mas simplificar o que é complicado".

2) **Sobriedade** – Esta é a virtude do bom-senso, do desapego, da liberdade diante das coisas. Ser sóbrio é evitar o excesso, o exagero, o supérfluo. A sobriedade protege nossa saúde, nossa paz, nossa felicidade. Quem é sóbrio é livre, é sábio, é sadio, é servidor.

3) **Sorriso** – O sorriso abre mil portas, perfuma o ambiente onde estamos, inspira alegria e facilita a comunicação. O sorriso é o primeiro passo do amor, do perdão, da aceitação do outro. Sorrir é um jeito de resolver problemas, evitar dramatizações, proteger a saúde.

4) **Sinceridade** – As pessoas sinceras granjeiam nossa confiança e admiração. A sinceridade possibilita o diálogo e protege a convivência. Para sermos sinceros devemos ser verdadeiros. Portanto a sinceridade requer autenticidade, coerência, transparência.

5) **Silêncio** – No silêncio conversamos com Deus, ouvimos os outros e acolhemos a voz da nossa consciência. O silêncio é a pátria da palavra e da profecia. O silêncio é casa da revelação. É janela que se abre para a realidade. O silêncio fala e traz soluções. Silenciar é um ato de justiça conosco, com os outros, com Deus.

6) **Simpatia** – Ela torna a vida mais leve, agradável, suave, prazerosa. A simpatia é um dom de relacionamento humano que

atrai, provoca a comunicação, abre as portas do coração. A simpatia nos encoraja, anima e motiva. É abertura para o outro, acolhimento do diferente, interação das pessoas.

7) **Serviço** – Servir é colocar-se à disposição dos outros com generosidade e gratuidade. É uma das atitudes mais nobres do ser humano. Serviço tem o nome de altruísmo, voluntariedade, fraternidade. Quem se abre para servir, se eleva até Deus e cativa os outros.

8) **Sensibilidade** – É um dom de atenção, carinho e cuidado dos outros. A sensibilidade se antecipa na solução dos problemas, dá sempre o primeiro passo, vai ao encontro, toma iniciativa, resolve situações difíceis.

9) **Sabedoria** – Consiste em dar sabor a tudo o que fazemos. A raiz da palavra sabedoria é sabor. Dar sabor ao saber, ao fazer, ao ser. Rezar com sabor, trabalhar com sabor, servir com sabor. Sabedoria não é erudição, inteligência, quociente elevado, mas, é saber viver bem, ser bom, fazer o bem, ter bom-senso, ser prático. Que o homem sábio não se torne demente.

10) **Sacrifício** – É o mesmo que doação de si, oblação e entrega, dedicação e dádiva de si mesmo. Todo sacrifício traz grandes bens e grandes alegrias. O sacrifício é amargo no início e doce no final. Quem se poupa não cresce, não amadurece e a muitos entristece. Já o sacrifício é um ato de amor, ato martirial, ato vital e positivo.

Na cultura do estresse, do individualismo, da massificação, perdemos valores humanos, éticos e espirituais, que são indispensáveis para nossa "saúde relacional". É disso que precisamos, melhorar nossa comunicação interpessoal. Não preenche o coração humano só o mundo de negócios, de sucesso, de aparências. Somos seres sociais. Crescemos e amadurecemos graças à comunicação, ao relacionamento, à comunhão com os outros.

No mundo de hoje tem sucesso quem é belo, magro, sadio, forte e inteligente. Mais do que estes valores, precisamos de afeto, de elogio, de reconhecimento, para sermos saudáveis. Só os amados mudam, só os amados amam. Ser amado e amar é que dá sentido à vida. A reflexão sobre os dez "s" cativantes pode ser muito útil, tanto pessoal como socialmente. Ajuda a aprimorar a convivência humana na família, na comunidade, na sociedade, visto que o mundo racional técnico, matemático sacrifica as emoções, os sentimentos, os afetos. Chegou a hora da revolução da ternura. Com a emoção e a ternura vamos ao mais profundo do coração humano. O coração tem razões que a mente desconhece.

A importância do saber na vida do padre

1) Há dentro de nós um espaço de luz, ocupado por Deus que mora em nós. Esta área é intocável. Não foi contaminada pelo pecado de Adão. Esta área de luz, ou seja, a presença divina em nós pode curar todo o nosso ser, libertar-nos de todas as prisões. A alma é território do divino.

2) Nossas dificuldades não são boas nem más. Tudo depende da atitude que tomamos diante delas. Podemos transformar o mal em bem, o inimigo em amigo, o amargo em doce, as feridas em oportunidades de crescimento, e vice-versa.

3) A força do inconsciente vem do Criador. Somos imagem de Deus. Nosso inconsciente quer e tudo faz para nos libertar do mal, quer destruir o mal e reforçar a luz, o bem, a verdade que está em nós.

4) Não somos obrigados a ser dependentes de vícios, paixões, sentimentos e emoções. Nossa liberdade de escolha, nossa capacidade de decisão e de opção, com a ajuda da graça de Deus nos confere a possibilidade de libertação.

5) Nossa alma, nosso espírito, nossa força interior – portanto, nossa espiritualidade comandada pelo poder da fé – são capazes de nos fazer felizes, realizados, alegres, positivos. Não é preciso depender dos prazeres, emoções, paixões, porque o lado espiritual é mais forte.

6) Ninguém é vítima do destino nem obrigado a depender das influências espirituais, psicológicas, morais do passado. Pela fé, pelo perdão, pelo amor, pela oração podemos cortar as influências do passado e até das gerações. Podemos ser recriados, regenerados e adquirir uma nova identidade, um novo ser, viver outro estilo de vida, pela força da graça.

7) Cada pessoa é reflexo da beleza, da sabedoria, do amor de Deus que está em todas as criaturas. É o amor que move o mundo. Os amados mudam. Os amados amam. Nossa realidade última é o amor do Criador. Deus é o centro do homem e o homem é o centro de Deus. Existimos porque somos amados. Não devemos ter olhar de urubu, mas de garimpeiro. Somos a alegria de Deus.

8) Somos únicos, originais, ou seja, eu não sou o meu pai, eu não sou minha mãe. Eu sou eu. Deus me ama, Deus cuida de mim e me aceita como eu sou. Eu não sou os outros. Eu sou eu mesmo, existo para os outros e pertenço a Deus. Precisamos aceitar e respeitar nossa identidade, nossa originalidade.

9) O mal está sempre em segundo lugar. O primeiro lugar é do bem. O mal será derrotado. O bem vence e vencerá. O reino do bem é mais forte do que o império do mal. O amor, a verdade, a justiça, a luz, o bem vencerão. Não morrem.

10) Não devemos parar de lutar, pelo contrário, é possível recomeçar e remar contra corrente, ir além, superar-se. Faz bem a gente repetir com convicção: sou sábio, sou sadio, sou confiante, sou feliz. Ainda mais: posso ser santo. Há em nós a tendência para a animalidade e para a santidade. Reforcemos a santidade com a força da alma, da fé em Deus e a convicção da eternidade gloriosa e feliz.

O padre e os valores da tradição religiosa

1) **O valor mistagógico** – É o uso de símbolos, parábolas, ritos, sinais, celebrações, encenações, contos, histórias que ajudam a compreender o mistério. É uma pedagogia de ensino. Daí, a importância das celebrações, do ambiente litúrgico, das vestes, cores, ritos bem celebrados. Uma celebração com arte e bom gosto propicia a experiência com o mistério e tem levado muitas pessoas à conversão, ao toque da graça, à atração pela beleza, que é sacramento de Deus. Mistagogia quer dizer conduzir para o mistério. Os símbolos podem falar mais do que as palavras.

2) **O valor estético** – A beleza, a arte, a cultura religiosa são expressões de fé e sinais da beleza e santidade de Deus. O som, a iluminação, o conforto, o bom gosto, o bom acolhimento, a boa conduta são altamente evangelizadores. O belo é uma característica essencial do ser existente, é um reflexo de Deus. Sem afetação, sem aparências nem poses, mas com rosto alegre e bom gosto litúrgico cativamos o povo para Deus. Evangelizamos pela estética fundamentada na ética.

3) **O valor profético** – Os profetas falam em nome de Deus, iluminados pelo Espírito Santo e ensinados pela Palavra de Deus. Os profetas falam em torno da ética pessoal, social e comunitária. O bem, os direitos humanos, a justiça, a igualdade, a fidelidade são temas do profetismo. Sem profecia a religião corre o risco da corrupção, do intimismo, dos caprichos e interesses pessoais.

Por isso mesmo, o povo de Deus, pelo batismo, tem o dom de ser povo sacerdotal, profético e régio. O profeta se consome de zelo por Deus e pela promoção da vida. O perigo de instrumentalizar a Deus e manipular o povo está em todas as religiões. Os profetas reagem a estas idolatrias e decadências.

4) **O valor terapêutico** – Cura e perdão são dois valores que Jesus assumiu para evangelizar. São sinais da presença do reino e comprovação da fé. Não podemos cair no curandeirismo, mas a cura e o perdão são sinais de vida, de libertação, de valorização das pessoas. Saúde e salvação têm uma única raiz na palavra *salus*. Expulsando as doenças e o negativismo Jesus abre as portas do reino para os pobres, pecadores e marginalizados. Curar equivale a criar de novo. A cura é um novo nascimento.

5) **O valor teológico** – É o lado do credo, da doutrina, da catequese, do estudo, do dogma. Para sermos discípulos de Jesus precisamos da escola do Evangelho, do aprendizado religioso. Pais que valorizam a catequese dos filhos estão sendo bons mestres. Hoje, cresce o interesse dos leigos pela teologia e estudo das religiões. A oração, a mística, a espiritualidade são escolas de fé que abrem os olhos e dilatam o coração. Nossas escolas de teologia propiciam o aprofundamento da fé, a catequese de adultos, a conscientização do povo.

A força do nosso interior

A maior e mais bela viagem que fazemos é a que nos leva ao nosso interior. Eis a romaria das romarias. Luzes e trevas nos habitam, lodo e ouro estão dentro de nós, feridas e potencialidades coabitam em nosso íntimo. Normalmente não somos ajudados a entrar em nós mesmos, temos medo e nos sentimos ameaçados.

Todos que entram no seu mundo interior tornam-se iluminados, livres, leves, ousados, criativos. São homens e mulheres corajosos nas dificuldades, pacíficos na adversidade, alegres na aridez, compreensivos e compassivos com os que erram. Quem vai ao seu interior acaba encontrando Deus, com sua presença iluminadora, criadora, irradiante. Quanto mais descemos às profundezas, mais alçaremos altos voos.

Quando fugimos do nosso interior, somos obrigados a criar máscaras, aparências, artificialidades, duplicidades, atitudes postiças para poder sobreviver, mas isso é um desgaste colossal de energias e acabamos nos sentindo incompletos, insatisfeitos, desintegrados, interiormente divididos, quebrados, inadequados. Somos condenados a viver na obscuridade, na dependência e até no vício.

Para entrar no santuário interior da nossa alma há uma condição: não ter medo de nossas sombras. Pelo contrário, é preciso abraçá-las, aceitá-las, reconhecê-las para então poder curá-las ou com elas nos reconciliarmos.

Iremos perceber que nossas sombras, fraquezas, feridas, quando aceitas, nos jogam nos braços de Deus, transformam-se em potencialidades, tornam-se nossas aliadas para a libertação, nos jogam para o alto, proporcionam descobertas de valores, são verdadeiros remédios. No fundo isso significa que sem espinho na carne não há progresso, nem ascensão, nem maturidade e profundidade.

Para podermos entrar e habitar no nosso interior necessitamos de humildade e compaixão. Vale a pena pagar o preço de tudo isso, pois viajar para o nosso interior é ir ao encontro de nosso maior tesouro, da riqueza que nos habita. Negociando com nossas sombras crescemos em lucidez e nos sentimos completos e alegres por habitar em nossa casa, nos sentimos alicerçados, encontramos o descanso, a paz.

No fundo de nós mesmos habitam a luz, a fonte, o amor, valores que foram soterrados pelos escombros das feridas, decepções e golpes da vida, deixando-nos amarrados por couraças defensivas, golpeando-nos com flagelações e sempre procurando os culpados de tudo isso. As feridas não permanecem inativas. Elas continuam a nos condicionar e nos tiranizam na busca de compensações, gratificações, perfeccionismo, ativismo, infantilismo.

Quando descemos aos nossos abismos nos libertamos dos laços que nos aprisionam e saltamos para o reino de liberdade porque Deus do mal tira o bem e "tudo concorre para o bem dos que amam a Deus" (Rm 8,28). Vamos descobrindo que nossas feridas são santuários onde encontramos Deus, que nossas fraquezas são fonte de grandes alegrias porque Deus manifesta sua grandeza na nossa fraqueza. Ainda mais, pecados, fraquezas, feridas nos movem à luta pela superação das mesmas, nos amadurecem e são uma escola de humildade, de experiência com a misericórdia de Deus e de compaixão pelas limitações dos outros.

As sete fontes de sabedoria

1) **O equilíbrio** – Fazemos constantemente a experiência negativa do radicalismo, dos excessos, das cegueiras, das precipitações, dos exageros. A sabedoria está no equilíbrio que requer firmeza e flexibilidade, bom-senso e capacidade de compreensão. As pessoas equilibradas conseguem resolver problemas e situações conflitivas. São instrumentos de paz e boa convivência.

2) **A motivação** – Consiste em fazer as coisas com calor, paixão, garra e fervor. A fé e os valores oferecem motivações para a ação. Quem se sente amado sente-se motivado. Ter objetivos e metas claras é o mínimo necessário para alguém sustentar a motivação interior. Sem motivação morre a ação. Sem motivação caímos na depressão.

3) **O autocontrole** – Saber dominar-se, vencer a si mesmo, domesticar os desejos, apetites e excessos pessoais é sabedoria que nos faz livres frente às coisas que nos escravizam. Autocontrole requer renúncia, sem a qual não há maturidade nem crescimento. Pelo autocontrole moderamos os instintos, canalizamos as paixões, ordenamos os afetos, criamos disposição para o bem e para a prática do dever.

4) **A comunicação** – Somos seres em comunicação. Somos aquilo que conseguimos comunicar num processo relacional que inicia no útero materno. Pela comunicação criamos comunhão e comunidade. Existe comunicação quando entramos no mundo do outro. Comunicação é sair de si, ir ao encontro, acolher o diferente. No outro posso encontrar a Deus e a mim mesmo.

5) **A informação** – Precisamos estar informados, acompanhar os acontecimentos, para vencer as incertezas e dúvidas e compreender a história que nos envolve. Pela informação saberemos encontrar soluções e adquirir intuição e visão da realidade. Da informação nasce a conscientização e a cosmovisão. Nossos livros cotidianos de informação são o jornal e a Bíblia e agora também a internet.

6) **A ternura** – É o toque do amor, a sabedoria de dar carinho, a gentileza de elogiar, a capacidade de valorizar as pessoas. Sem a ternura viveremos na frieza da racionalização, do formalismo, da suspeita, dos esquemas. Ternura é sorriso, elogio, perdão, reconciliação, abraço, bênção, respeito, inocência.

7) **A religião** – O homem tem uma abertura natural para a transcendência, para o absoluto, "é um animal religioso". Diz João Paulo II: "O homem é mais parecido com Deus do que com a terra". Deus é o nosso chão e "preocupação última", uma paixão irresistível. Todas as culturas são religiosas e a fé é como o erotismo, ou seja, um instinto congênito, uma pulsão natural. Construir um mundo sem Deus é construí-lo contra o homem. Que estas sete fontes de sabedoria nos tornem mais sábios, mais humanos, mais fraternos.

Significado espiritual do lava-pés

1) O gesto do lava-pés transforma as relações de domínio em relações de serviço.

2) O lava-pés supera as rupturas e divisões criando relações de aliança.

3) Inverter o comportamento egoístico em atitude altruísta é fruto do lava-pés. O outro se torna amigo e irmão, os inimigos são acolhidos como amigos.

4) O lava-pés coloca o outro de pé e levanta os caídos.

5) Lavar os pés é encurtar distâncias, vencer diferenças, superar divisões.

6) O lava-pés nos coloca aos pés das vítimas em atitude de serviço.

7) Pela força do lava-pés ninguém será mais espezinhado, chutado, pisado pelo poder, pelo domínio, pela vingança.

8) O lava-pés nos faz caminhantes e peregrinos na direção do irmão.

9) Tem os pés sujos quem alimenta ódio, raiva, vingança no coração.

10) Num contexto de discórdia e divisão, numa situação de indiferença pelos pobres, a celebração eucarística é indigna, porque não está na lógica do lava-pés.

11) O lava-pés é o abraço de reconciliação, é o encontro de perdão, é o diálogo dos diferentes.

12) Pelo lava-pés cai a discriminação, o racismo, a exclusão, a mentalidade de privilégios e de classes.

13) O lava-pés é acolhimento, hospitalidade e cura dos pés feridos, pela aceitação das próprias fraquezas e as dos outros.

14) O lava-pés é uma inversão de critérios onde o outro se torna centro. O nome do lava-pés hoje é voluntariado, altruísmo, solidariedade, gratuidade.

15) O lava-pés confirma que quem salva não é o poder, mas o amor.

16) O lava-pés faz da Igreja "casa e escola de comunhão", onde os pobres se sentem em casa.

17) O lava-pés nos faz misericordiosos, compreensivos e samaritanos, com a coragem da solidariedade e uma nova fantasia da caridade.

18) Inclinando-se a lavar os pés dos discípulos, Jesus explica de forma inequívoca o sentido da Eucaristia. O amor fraterno é a prova da autenticidade das nossas celebrações eucarísticas.

19) O lava-pés indica o poder da ternura e a fraqueza da violência. Ou vivemos todos como irmãos, ou morreremos todos como loucos.

20) Pelo lava-pés percebemos que quem se inclina perante o próximo, eleva-se diante de Deus. É superada a relação senhor-escravo, pela relação de aliança e de igualdade.

21) Enxergamos bem lá onde estão nossos pés. É preciso ir ao povo, ser companheiros de viagem, os pés fazem a gente ver melhor. Compremos pares de sandálias e andemos.

22) Lava-pés é despir-se do poder, revestir-se com o avental do servo e desamarrar as sandálias, colocando-se no lugar do outro. Assim fez o bom samaritano.

23) O lava-pés é escola do relacionamento e acolhimento, atitude de confiança que supera as competições, pretensões, invejas e arbítrios.

24) Lava-pés é desejar os desejos dos outros, querer o bem do outro, interessar-se pelos interesses dos outros, sofrer a dor dos outros e ajudar a carregar seus fardos.

25) Lava-pés é libertar-se do narcisismo, da aparência, da presunção, das gratificações para a gratuidade.

26) Lava-pés é esvaziamento de si e elevação do outro sentido, satisfação pelo bem-estar alheio. A lógica do lava-pés é: não prejudicar e saber alegrar-se com o sucesso dos outros.

27) Lava-pés é compaixão, tolerância e respeito pelo outro. Tratar os outros como tratamos nossos melhores amigos.

28) Lava-pés é descer de nossos pedestais e chegar até o chão, deixando que o pó e o barro nos revelem de que somos feitos. "É preciso colocar-se abaixo do pó que os pés das pessoas pisam" (Gandhi).

29) Quem vive o lava-pés poderá ser um mártir, nunca um algoz.

O que o Espírito diz às Igrejas e aos presbíteros?

O que aqui expomos está inspirado no Livro do Apocalipse, capítulos segundo e terceiro, como também no livro do Cardeal Van Thuan: *Testemunhas da esperança*. Estas reflexões aplicam-se às comunidades religiosas, às empresas, às famílias, às escolas, aos grupos.

1) **Éfeso** – O problema desta comunidade é a decadência. Entrou a rotina, a mediocridade, o pecado. Para esta comunidade o Espírito diz que ela perdeu seu primeiro amor. Decaiu a fé, experimentou o pecado, precisa de atualização e conversão, deve voltar ao ardor missionário inicial. Esta comunidade precisa de reencantamento, reapaixonamento, entusiasmo. É muito comum as comunidades, as famílias, os casais passarem pela experiência do declínio do primeiro amor. Não há outro caminho, senão voltar ao maravilhamento do primeiro amor.

2) **Pérgamo** – Aqui entrou a idolatria. Nada pior para uma comunidade. Idolatria é estrelismo de lideranças, centralização do ego, não dar espaço para outros. Pior ainda, é colocar-se em posição de superioridade, apoiar-se em aparências, construções, exibicionismos, promoção de si, busca de segundos interesses, desvio de finanças, liturgias pomposas mas vazias, nas quais se celebra o próprio ego, e não Jesus, morto e ressuscitado.

3) **Tiatira** – Esta comunidade não corrige os erros. É infiel, nela vale tudo, não segue as orientações, não tem sensibilidade

pela unidade, pela comunhão, pela pastoral de conjunto. Pior ainda, justifica sua posição, não se dispõe a mudar. Não há ensino, disciplina, segurança. Reina a confusão, a dispersão, a divisão, as falsas doutrinas.

4) **Sardes** – Sofre o mal da acomodação. Dorme, não vigia, não tem dinamismo, vive na mesmice, na instalação. Não sai do tradicionalismo, não se deixa questionar, tem medo do novo. Estabeleceu um pacto com a mediocridade. Estagnada, parada no tempo, sem vitalidade é uma comunidade morta, água estagnada e choca.

5) **Laodiceia** – Candidata ao vômito de Deus, porque é medíocre, morna, nem fria nem quente. Faz o jogo de interesses. Não tem autocrítica, não se autoavalia, sem zelo e vítima da própria cegueira. Está precisando de colírio para enxergar, de sensibilidade para descobrir as misérias, a nudez, os erros, que a envolvem. Não quer melhorar, é medíocre. Contenta-se com o mínimo. Puxa para trás, para baixo, para o menos.

6) **Esmirna** – É uma Igreja perseguida. Sofre difamação, vítima de críticas, de preconceitos, de estigmatizações. Sofre a tribulação de inimigos que estão dentro dela e dos que se escondem nos mantos do ocultismo e dos pactos com segredos mal-intencionados. Sofre por ser fiel ao Evangelho, boa-nova para os pobres, os doentes, os pecadores. Sofre críticas, difamações, tanto à boca pequena como na mídia e até nas prisões.

7) **Filadélfia** – É exemplo da comunidade fiel, que guarda a Palavra, confessa o nome de Jesus. Esta comunidade confessa sua fraqueza, procura a conversão, crê no amor de Deus, sabe esperar com paciência as demoras de Deus, tem as portas abertas para Deus e os irmãos.

O que reforça o negativismo no presbítero?

Parece que somos mais negativos do que positivos. Preferimos ter o olhar do urubu ao do garimpeiro. Há pessoas que têm baixa autoestima, são derrotistas, depressivas, estressadas. Como somos o que pensamos, o pensamento negativo transforma-se em julgamento, criticismo, doença, depressão. Vamos refletir sobre algumas distorções que levam ao negativismo.

Em primeiro lugar vem a "filtragem" que consiste em levarmos em conta apenas um elemento da situação, ficando fixados, amarrados, imobilizados num enfoque e excluindo o resto. Depois vem a "polarização" que é o "tudo ou nada". A pessoa esquece que entre 8 e 80 há 72 possibilidades. Aqui entram os pensamentos extremistas, fixistas, inflexíveis, dogmáticos, fundamentalistas e fanáticos. Falta abertura, visão ampla e holística. Outros são doutores em "distorção" com a capacidade de dramatização onde um simples fato negativo é assumido como padrão de todos os fracassos. As distorções mais comuns são: a culpa, o castigo, o azar, a autodepreciação.

O negativismo é ainda sustentado pelo "julgamento" quando a pessoa crê saber o que pensam os outros e a razão por que se comportam da forma como fazem. Muito comum é a "visão catastrófica", o fatalismo, a mentalidade apocalíptica, que tudo sataniza, às vezes como o reforço da interpretação religiosa. Estas pessoas preconizam, predizem e antecipam o mal. São os pregoeiros da maldição, os profetas da suspeita. Há os que são negativos devido à "culpabilização", dos outros. Estão sempre culpando a alguém, nunca aprendem com os próprios erros, não assumem suas responsabilidades e nunca encontram soluções. Há os devotos do negativismo pela "autocondenação". A pessoa pensa que tudo o que os outros fazem ou dizem estão referindo-se a ela. A rigidez ou "perfeccionismo" cria a consciência estreita, rígida, moralizante, até escrupulosa. Isso é efeito da educação familiar e religiosa. Estas pessoas impõem sua rigidez às demais e vivem se condenando. São flagelos para si mesmos.

Alimenta o negativismo quem faz uma "avaliação emocional" da realidade. Avalia as situações a partir de simpatias e antipatias, gostos, sensações, emoções. A avaliação emocional é unilateral, interesseira, parcial, enganadora. Vem a seguir a mania de "etiquetagem" ou decalque. Fazemos julgamentos globais a partir de um dado isolado que é a etiqueta, o decalque, a miopia. Por causa de um defeito, nada de bom vemos na pessoa do outro. A pessoa está estigmatizada para sempre. Outros são negativistas por causa da "intolerância" que é uma falácia da razão, uma teimosia em demonstrar que estamos corretos e os outros errados. É o complexo de Messias ou de infalibilidade. Os outros é que estão errados. Usamos a couraça da intolerância como autodefesa.

O negativismo cresce num terreno onde há "a falácia do controle" onde a pessoa sente-se impotente ou ao contrário, onipotente, por sentir-se controlada extremamente ou super-responsável por tudo o que acontece. Em tudo ela está amarrada pelo controle. A mentalidade "reducionista" crê que tudo o que ela define como justo e certo, os outros devem entendê-lo assim. É uma mentalidade centralizadora, autoritária, impositiva.

Por fim, o negativismo se fortalece com a "falácia da recompensa", que consiste em cobrar algum dia os atos de sacrifício e abnegação realizados, o que leva a amargurar-se por jamais ver chegar a recompensa esperada. Daí vem as murmurações, depreciações, desânimos, críticas azedas. Como vemos, o negativismo tem distorções que servem de fontes de realimentação negativa. É preciso conscientizá-las para superá-las.

Os pilares do sacerdócio

1) **O Pai** – A vocação vem do coração do Pai. Ele chama, elege, consagra, envia. "Ninguém vem a mim se o Pai não o atrair" (Jo 6,65). Os doze apóstolos são um presente do Pai ao Filho Jesus: "Eram teus e Tu os destes a mim" (Jo 17,6). O padre recebe o ministério por misericórdia do Pai (cf. 2Cor 4,1).

O padre representa o Pai junto à comunidade paroquial, a qual é sua família e casa de irmãos, escola de comunhão. Quanto mais intimidade tem com o Pai, mais o padre é visibilidade de Deus. Ninguém deve atribuir a si esta honra de ser chamado, a não ser o que foi chamado por Deus (cf. Hb 5,4). O sacerdote é tomado do meio do povo, constituído em favor dos homens, nas coisas que dizem respeito a Deus (cf. Hb 5,4). Na oração consacratória da ordenação presbiteral se reza assim: "Nós vos pedimos ó Pai, constituí este vosso servo na dignidade de presbítero". Deus nos dá pastores segundo o seu coração (Jr 15,3).

2) **O pastoreio** – Deus coloca pastores diante do rebanho, como representantes de Jesus, o Bom Pastor. A primeira missão do pastor é criar comunidades. Para o rebanho o pastor é como a mãe, o cordeiro, o médico, o guia, o mártir, o vigia. Em todos estes personagens há um dado comum: o de dar a vida. Longe do pastor a mediocridade, a superficialidade, a rotina. Ele não pode ser nem lobo, nem mercenário (negociante) nem funcionário. Vivemos tempos onde há pastores feridos e ovelhas dispersas. O pastor também é ovelha de outro redil. Ele, na lógica do Bom Pastor, não age por lucro, nem por coação e dominação. Portanto há bons

e maus pastores. O bom pastor cura a ovelha ferida, procura a perdida, carregando-as no colo. Ele não cuida de si mesmo, de seus interesses e vantagens. Não foge, não abandona suas ovelhas nem as explora bebendo seu leite, vestindo-se com sua lã, sacrificando as gordas. Pelo contrário, ele conduz a Cristo, o Supremo Pastor (1Pd 5,4).

3) **O presbitério** – Presbítero é aquele que entrou na ordem, no grupo, na comunidade, na família dos presbíteros. O presbitério, comunhão de presbíteros, é reflexo da Santíssima Trindade. Daí resulta que o presbítero é essencialmente homem de comunhão com Deus, com o povo, com o presbitério, que é a primeira comunidade do padre.

Para não correr em vão os presbíteros devem agir em comunhão com o bispo e os demais irmãos no sacerdócio. O sucesso de um é sucesso de todos. A vida no presbitério dá vigor à missão, ajuda na vivência do celibato, é fonte de grandes alegrias. Junto com os demais presbíteros, o padre coopera na mesma obra em favor dos homens. Todos edificam o corpo de Cristo. Não há lugar para a inveja e a divisão.

O presbitério é uma experiência de comunhão, visto que o Sacramento da Ordem está a serviço da unidade, da concórdia, da fraternidade universal. Se formos unidos, o mundo crerá. A comunhão presbiteral é sucesso de Jesus e um grande e precioso bem para a humanidade, chamada a ser uma grande família.

Um presbitério unido é propaganda de Deus e atração vocacional. A comunhão presbiteral é um dos grandes segredos da alegria e da felicidade do padre, uma vez que o presbitério é reflexo da Trindade e estímulo de unidade para o mundo. Sacrifício e alegria são parceiros inseparáveis da vida do presbítero.

4) **A profecia** – Formado na escola dos profetas e de Jesus o padre está à frente de um povo profético. A profecia é a primeira marca do ministro de Deus porque provém da oração e da meditação da Palavra. O profeta é homem ouvinte, discípulo e testemu-

nha da Palavra. O profetismo não pode faltar na Igreja, porque o profeta ensina, corrige, consola, denuncia e indica soluções.

O padre é o profeta do reino que, inflamado pela Palavra, defende o senhorio de Deus, os direitos humanos a vida, a justiça social. Profeta da salvação, da libertação e da transformação da realidade, o padre colabora na construção da nova humanidade em Cristo.

Os profetas são críticos do culto falso, corrigem as autoridades políticas, defendem os pobres. Portanto, são homens de esperança. Pelos profetas as pessoas descobrem os planos de Deus na história, pois a palavra do profeta é voz de Deus.

5) **O povo** – O padre existe para o povo, não para si. É homem de Deus para o povo, pastor do rebanho, gerador e animador de comunidades, discípulo missionário. O padre é ministro de Deus em favor do povo, homem de comunhão iluminado pela mística da unidade, com gestos altruístas e sacrificais, aliado e defensor do rebanho.

Quanto mais simples e perto do povo, mais acolhedor e paciente com as pessoas, tanto mais o padre é amado e procurado. Na verdade, o padre existe para ajudar o povo a carregar o fardo da vida, sua missão é consolar, animar, dar esperança ao povo de Deus. O coração do padre é um coração samaritano. O povo sacerdotal e santo tem direito a ter padres que tenham a coragem de ser santos.

6) **A paternidade** – O padre é pai da comunidade. Sua vida é consagrada para desposar a comunidade que a Igreja lhe confia. Daí a beleza e profundidade do celibato sacerdotal que dá fecundidade apostólica. A paróquia é uma família onde o padre é o pai. Ele gera filhos e filhas para Igreja através do batismo, da pregação da Palavra e do perdão dos pecados.

A paternidade do padre se concretiza no amor ao seu rebanho, especialmente aos mais pequenos e sofredores. No coração do padre habitam os fiéis, seus filhos e filhas. Como pai tem proximidade, presença e tempo para seus filhos, comunga as dores e alegrias dos seus filhos. Deste modo o padre é a visibilidade do amor de Deus Pai pelo mundo. Ele não se casa, mas é pai de uma grande família. Ser padre é uma bênção e uma luta. Recebemos o padre como um presente que o Pai oferece à Igreja e ao mundo.

Os quatro "p" na vida de um padre

Profeta – Formado na escola dos profetas e de Jesus o padre está à frente de um povo profético. A profecia é a primeira marca do ministro de Deus porque provém da oração e da meditação da Palavra. O profeta é homem ouvinte, discípulo e testemunha da Palavra. O profetismo não pode faltar na Igreja, porque o profeta ensina, corrige, consola, denuncia e indica soluções.

O padre é o profeta do reino que inflamado pela Palavra defende o senhorio de Deus, os direitos humanos, a vida, a justiça social. Profeta da salvação, da libertação e da transformação da realidade, o padre colabora na construção da nossa humanidade em Cristo.

Os profetas são críticos do culto falso, corrigem as autoridades políticas, defendem os pobres. Portanto, homem de esperança. Pelos profetas os homens descobrem os planos de Deus na história, pois a palavra do profeta é voz de Deus.

Pastor – O padre é o pastor do rebanho, não por lucro, nem por coação, nem domínio. O pastor é como a mãe, o cordeiro, o mártir, o médico, o guia, o vigia que cuida do rebanho e doa a vida pelos outros. Longe do pastor a mediocridade, a superficialidade, a rotina. O contrário do pastor é o funcionário e mercenário que abandona o rebanho e fogem.

Por falta de pastor as ovelhas são dispersadas. Hoje temos pastores feridos e ovelhas afastadas. A primeira missão do pastor é formar, Jesus ensina que o pastor corre risco de ser mercenário, de ser ovelha perdida e de ser lobo do rebanho. O pastor abre as portas da justiça e conduz à porta do céu, passando por Jesus que é a porta (Jo 10,7), o Supremo Pastor (1Pd 5,4). A Igreja é o Reino de Deus. O padre é pai espiritual do seu povo.

O presbitério – Pelo Sacramento da Ordem, o presbitério começa a fazer parte da ordem sacerdotal, da comunidade presbiteral, do grupo dos presbíteros. O presbitério é a primeira comunidade do padre, é sua nova e real família, os padres são irmanados pelo Sacramento da Ordem.

A relação, a amizade, a fraternidade presbiteral, é um dos grandes segredos da alegria e felicidade do padre. Para não correr em vão os presbíteros devem trabalhar em comunhão com o bispo e os demais irmãos no sacerdócio, diz o Concílio Vaticano II. O sucesso de um padre é o sucesso de todos os seus colegas.

Três amores marcam a vida do padre: o amor de Deus, o amor dos colegas padres, o amor do povo. A vida mostra que o amor, a convivência, a fraternidade presbiteral é o ponto mais difícil e também o mais fraco entre os sacerdotes. Por isso mesmo, a Igreja ensina que a identidade do padre está na Santíssima Trindade, visto que o presbitério é reflexo da Trindade Santa.

O povo – O padre existe para o povo, não para si. É homem de Deus para o povo, pastor do rebanho, gerador e animador de comunidades, discípulo missionário. O padre é ministro de Deus em favor do povo, homem de comunhão iluminado pela mística da unidade, com gestos altruístas e sacrificais, aliado e defensor do rebanho.

Quanto mais simples e perto do povo, quanto mais acolhedor e paciente com as pessoas, tanto mais o padre é amado e procurado. Na verdade, o padre existe para ajudar o povo a carregar o fardo da vida, sua missão é consolar, animar, dar esperança ao povo de Deus. O coração do padre é um coração samaritano. O povo sacerdotal e santo tem direito a ter padres que tenham a coragem de ser santos.

Padre, ajuda-te a ti mesmo: sete passos

1) **Decidir mudar** – Nossa vida e a história humana são feitas de decisões. Mas, para nos ajudarmos a nós mesmos precisamos cultivar a decisão de mudar. Mudança, transformação, conversão são sempre um grande desafio. Não podemos, porém, ser vítimas da indecisão, da teimosia, do fechamento, do radicalismo. Precisamos do bom-senso para conservar valores e aceitar o novo, o diferente. A coragem de mudar é o caminho de a gente ajudar a si próprio e a acompanhar a evolução. Quem não muda cai na alienação e no fanatismo.

2) **Enfrentar o desconhecido** – Significa vencer o medo, a timidez, a acomodação. O desconhecido pode nos amedrontar ou desafiar. Os desafios são possibilidades de descobertas e crescimento. Precisamos de ajuda para enfrentar o desconhecido: a escola, os adultos, os amigos, a fé, a Palavra de Deus abrem nossos horizontes e nos ajudam a sair, a procurar, a enfrentar o desconhecido. Eis o que é o dom da fortaleza.

3) **Ser positivo** – Quem é positivo olha para frente, tem esperança, aceita correr riscos, tem entusiasmo, valoriza as qualidades, faz projetos, confia em si, nos outros e em Deus. A pessoa positiva sempre diz: coração ao alto, vamos lutar, o bem vence, amanhã melhor do que hoje, Deus é bom, é grande, é Pai, vai dar certo. Quem é positivo sabe sempre recomeçar.

4) **Viver o presente** – O melhor dia da nossa vida é hoje. Viver o agora, o minuto, o instante, o momento que nos é dado, sempre com as luzes do passado e a esperança do futuro. Sofremos a tira-

nia do trabalho, o excesso de ocupação, barulho e distração. Tudo isso rouba o nosso agora, o milagre de cada minuto, a maravilha de cada batida de coração, o valor da respiração. O tempo que nos é dado é para ser vivido. Viver o agora com gratidão e dedicação uma opção acertada. O tempo é breve. A vida passa rapidamente. Viver o presente é sabedoria, é remédio, é felicidade.

5) **Cuidar da fala** – A palavra, a comunicação, o diálogo existem para o bem. Mas, semear mentira, fofoca, insulto, medo e negativismo constituem um grande mal. O mal não tem direito de ser reforçado. O bem tem o direito de ser manchete. A fala é para elogiar, animar, aconselhar, instruir. Os males da língua são destrutivos, venenosos, provocadores de doenças. A fala é para celestializar a vida, não para infernizá-la. Falar é comunicar-se, abrir-se, desabafar-se, expressar sentimentos. Essa fala é terapêutica, é benfeitora, é saudável. A boca fala do que está no coração. O corpo fala, o silêncio fala, as obras falam.

6) **lmaginação criativa** – A imaginação tem um poder extraordinário. Desencadeia pensamentos, emoções, criatividades, realizações. Tanto o bem como o mal passam antes pela nossa imaginação, nossa fantasia, nossa inspiração. Quem não tem imaginação positiva e criativa, cai na mesmice, na rotina, na comodidade. Pela imaginação saímos de nós mesmos, fazemos projetos, visualizamos novas possibilidades. Porém, a imaginação precisa da luz da razão, do discernimento e do bom-senso para não extrapolar.

7) **Ação concreta** – Significa sair da teoria e colocar os pés no chão. Caminhando se faz caminho. Não podemos ficar em cima do muro, deixar para amanhã e cair na omissão ou nas expectativas descabidas: É preciso decidir, começar e recomeçar. A melhor gramática é a prática. Sair do ideal e da fantasia e enfrentar o cotidiano, fazer acontecer, agir é isso que nos preenche e leva a construir um mundo melhor, a ser cocriadores de Deus. A vida humana se desenvolve com o saber, o fazer e o ser. Vivemos uma necessária interdependência. Sem cairmos no ativismo, mas na prática das boas obras construímos um mundo melhor.

Padre, deixe-se amar

A experiência mais intensa e profunda que podemos fazer é saber que somos amados. A pessoa amada é centrada, alegre, criativa e devolve o amor aos outros. Por outro lado, a experiência mais terrível e até diabólica é a rejeição, portanto, não ser amado. As pessoas não amadas são agressivas, depressivas, desconfiadas, possessivas, inseguras, doentias. São vítimas do desamor.

O amor de Deus é uma realidade, uma solução e um remédio que está à disposição de todos. O amor pertence à nossa natureza. Por isso, o amor dá sentido e plenitude à vida. Tudo é pesado onde não há amor, até um grão de areia. É o amor que suporta os defeitos alheios, responde às grosserias com a gentileza, faz trabalhos voluntários, compreende as limitações alheias etc., pois o amor tende à união. Onde há amor, o relacionamento humano é feito de respeito e reverência.

O amor anda de mãos dadas com a verdade. Nossa verdade é o amor. A verdade sem amor é áspera, já o amor sem verdade é sentimentalismo cego. Cabe-nos proclamar a verdade com amor e amar a verdade, isto nos leva a sermos amorosos na determinação, no rigor, na santidade. É o amor que nos livra da tirania do apego às coisas e pessoas. O amor não é possessivo, é zeloso.

O mundo precisa ser sensibilizado e curado pela beleza e a riqueza do amor de Deus. As criaturas são carícias do amor do Pai e o sofrimento é visita amorosa de Deus, pois é uma escola de amadurecimento. Deus ama primeiro, ama gratuitamente, seu amor é sem limites, é incondicional. Transborda em toda a terra seu amor. Ele nos cerca de carinho e proteção.

É preciso deixar-se amar, crer no amor. Não podemos viver num "ateísmo afetivo" resistindo ao amor de Deus. Quem se deixa amar, torna-se amável, recupera a capacidade de amar e percebe a necessidade de perdoar os outros e agradecer a Deus. Começamos a olhar com os olhos de Deus e descobrimos que somos a alegria de Deus. Porque o amor de Deus sempre dá chance para quem erra, espera com paciência a decisão humana, conduz providencialmente a história de nossas vidas. Deus vive pensando em nós, dizendo nosso nome e sofrendo conosco. Ele é nosso Cirineu, o carregador de nossos fardos.

O amor é nossa identidade. As coisas são sacramentos do amor, pois são criaturas de Deus que é amor. Ele sempre nos recria, refaz, restaura, recupera, regenera. Deus é uteríssimo, não aborta ninguém. Nossa verdade fundante é: somos amados por Deus e nada muda seu amor por nós. A fé nos faz descobrir a amabilidade de Deus. "Tenho pena de quem não conhece ou não aceita o amor de Deus" (Santa Teresa). Quem se descobre amado, muda, torna-se fiel. Só os amados mudam.

O amor de Deus transforma erros em bênçãos, desgraças em graças, desencontros em encontros, feridas e fraquezas em ciência e santidade. O mais bonito é que Deus nos ama como somos para que sejamos melhores. Ele nos ama mesmo quando o rejeitamos. Sua misericórdia desce a um nível mais profundo que a miséria humana. Só há uma saída: deixar-se amar.

Pedofilia

1) A Igreja pede perdão e faz reparação pelos graves delitos de pedofilia de alguns de seus filhos. Digo alguns porque a maioria dos sacerdotes são homens de Deus, missionários, lutadores, ministro de Cristo. Entre 46 mil sacerdotes nos Estados Unidos, 218 casos de pedofilia foram comprovados desde 1950 até hoje. Dentre 210 mil casos de pedofilia na Alemanha, 209 foram praticados por pessoas consagradas. No Brasil temos 16 mil padres, 99% são fiéis. No mundo existem 407 mil padres e 96% deles são bons sacerdotes. Por que só a Igreja Católica é visada? Sem dúvida, existe orquestração organizada em tudo isso, com a histeria anticatólica da mídia que em nome da modernidade fomenta a erotização da sociedade.

2) A Igreja, além de fazer reparação pelos erros e delitos de seus filhos, deve aprender com seus erros e corrigir ratas para o futuro. Nossos candidatos ao sacerdócio já trazem estes problemas de sua família, escondem esta anomalia e carregam consigo este espinho na carne. Precisam de médicos, de cirineus, de orientadores. É claro que nada disso justifica seus erros, porém, são elementos para a nossa reflexão.

3) Nesta hora não esqueçamos o imenso bem que a Igreja realiza em favor das crianças nas creches, escolas, orfanatos, hospitais infantis, pastoral do menor e da criança, adoção, infância missionária, coroinhas, Apae etc. O calvário, a dor, a vergonha que a Igreja passa nestes dias, reverterá em conversão, purificação, santificação. As portas do mal não prevalecerão e a Igreja não deixa de

ser santa enquanto Corpo de Cristo. A santidade é invencível por ação da graça. Creio na Igreja santa.

4) Como fazer justiça com pessoas erradas e ao mesmo tempo ter misericórdia, perdão e amor para com elas? Por acaso basta a vingança e condenação? Haja sim a punição justa, mas sem esquecermos do amor incondicional e do perdão aos inimigos. Não podemos nos embrutecer. Ninguém é totalmente mau. Muitos casos de pedofilia não atingem crianças, mas também adolescentes e jovens que são vítimas do erotismo e da permissividade. Eles são "garotos e garotas de programa". Neste caso se trata de "efebofilia", e, rigorosamente falando, é outra coisa que pedofilia. Em muitos casos punidos como pedofilia a pessoa praticou um toque, uma carícia, isso é tido como abuso sexual, melhor seria chamar de "assédio". É claro que nem isso é justificável, mas nem tudo é ato de agressão a crianças inocentes.

5) Não há relação entre celibato e pedofilia. Todos sabemos que a ocorrência da pedofilia acontece mais nas famílias, portanto, entre casados, que entre os celibatários. Trata-se de uma anomalia que atinge todos os setores da sociedade e situações da vida.

6) Geralmente as pessoas com problema de pedofilia foram vítimas de pedófilos quando eram crianças ou adolescentes. Certamente a erotização da sociedade, o turismo sexual e a internet muito contribuem para o liberalismo e o permissivismo ético, fato este que facilita todo tipo de relacionamento sexual sob a capa de modernidade. É comum hoje a gente ouvir: nada é pecado, todo mundo faz, é normal etc. Não esqueçamos que um dos elementos da decadência das civilizações é o erotismo, ou seja, o abuso da sexualidade. Ser livre e ser libertino são coisas bem distintas.

7) A Igreja reconhece, repara e paga pelos erros de seus filhos. Grupos e pessoas mal-intencionados aproveitam desta situação para desmoralizar, desmobilizar, desestruturar a Igreja de Cristo. Jesus alertou que seríamos odiados, perseguidos e mortos. Nossos algozes acabam sendo nossos artistas. Por outro lado, a

Igreja cresce e se fortalece com o sangue dos mártires, as perseguições e humilhações.

As portas do mal não prevaleceram. A primazia é da graça. "Coragem, eu venci o mundo" (Jo 16,32).

Personagens religiosas emergentes

As mudanças no campo religioso são grandes nestes tempos modernos. Tal fato está gerando novas figuras religiosas, ou melhor, um perfil diversificado de fiéis. Vejamos o que acontece.

1) **Fragilização da figura do "católico praticante"** – São muitos os que se afastam da Igreja, ou apenas cumprem algumas prescrições eclesiásticas. Com o enfraquecimento religioso familiar, o aumento de religiões, a voracidade do consumismo, a figura do católico praticante está minguando e decrescendo.

2) **Nasce a figura do "peregrino religioso"**, que muda de religião frequentemente. A tal fato chamamos de "trânsito religioso", ou seja, uma fácil mobilidade religiosa que se explica por diferentes causas. Esta figura religiosa perde sua identidade eclesial e às vezes chega a pertencer a diversas religiões simultaneamente. Pende para o sincretismo religioso, ou para o indiferentismo. Seu lema é: "religião sim, Igreja não".

3) **Hoje, outra figura marcante é a do "convertido religioso"** – É a pessoa que mudou de religião ou mudou de vida, convertendo-se do mal, do pecado, dos vícios etc. Caracteriza-se por uma forte intensidade religiosa, uma vivência ética exigente, um rigorismo existencial que pode configurar-se numa atitude de combate, hostilidade e agressividade em relação ao mundo, às outras religiões, aos familiares. O convertido sem maturidade humana e espiritual é forte candidato ao fanatismo. Já o convertido amadurecido humanamente e religiosamente é uma personalidade cativante e exemplar. Seu testemunho é atraente.

4) **Outra ainda é a figura do "dogmático religioso"**, cuja atitude religiosa é a imposição de sua religião aos demais, coloca-se numa posição de superioridade e não aceita nenhuma proposta de ecumenismo, nem diálogo religioso. Orienta-se pelo fundamentalismo que é a interpretação dos textos sagrados ao pé da letra e sem a inculturação ou atualização do mesmo nas diferentes realidades e contextos. Esta figura religiosa luta pela conquista do poder, como é caso de religiões que guerreiam em nome de sua divindade e pretendem conquistar o mundo.

5) **O católico afastado da Igreja**, desligado da comunidade, que recebeu o batismo mas abandonou a prática religiosa, é um dos maiores desafios da missão da Igreja hoje.

Essas figuras religiosas aqui um tanto caricaturadas revelam o pluralismo religioso de nossos tempos. Por outro lado, dentro do catolicismo temos conotações distintas, ou melhor, uma tipologia católica diversificada: o católico praticante, o tradicional, o afastado, o de linha progressista, o carismático, e ainda o catolicismo popular. Padre Marcelo Azevedo opina que a classe média é religiosamente conservadora, que a classe popular é sincretista, os artistas e estudiosos formam a faixa modernizante, e os católicos esclarecidos são os que conseguem internalizar o aspecto social da fé.

Seja qual for a tipologia religiosa, o objetivo da religião é afirmar o sentido da vida, responder ao anseio de transcendência tão natural ao ser humano, oferecer meios de salvação, mas isso com tolerância religiosa, diálogo inter-religioso. O encontro das religiões em favor da sobrevivência ecológica e da solidariedade é uma das razões do ecumenismo, um serviço que todas as religiões podem prestar em favor da vida.

As personagens religiosas e o padre

Estas personagens simbolizam a realidade de nossos fiéis e comunidades. Levam a compreender nossos comportamentos e reações elucidando nossas práticas na comunidade, na família e na sociedade. A raiz desta religiosidade está na infância, melhor, no jeito de lidar com a vergonha. A educação familiar influencia no tipo de religiosidade que assumimos.

1) **O fariseu responsável** – Procura conquistar Deus esforçando-se para ser bom, observante da lei, mas profundamente legalista. Tem uma imagem distorcida de Deus como juiz, que se conquista, sendo bonzinho. Quer estar de bem com Deus, tirar o primeiro lugar, ser aprovado. Se algo de mal acontece, logo pensa que é castigo. No sofrimento, sente-se abandonado e castigado por Deus. O fariseu responsável faz todo esforço para ser melhor e assim resolve o sentimento de vergonha que sente por suas fraquezas e quedas. Com esta boa intenção, cai no exagero de achar-se melhor que outros e exigir que Deus pague, recompense, retribua pelo seu bom comportamento e esforço. Religiosamente são pessoas rígidas, inflexíveis, legalistas, moralizantes. Fazem o bem não por compaixão, mas para provar que são bons e receber elogios. Este abuso religioso vem da educação rígida, onde a criança, para não passar vergonha, não ser repreendida, aprendeu a dizer para si mesma: Vou ser bonzinho. Preciso me esforçar e ser mais cuidadoso. São crianças vigilantes, obedientes, com tendência ao perfeccionismo e moralismo, mas tem dentro de si raivas repri-

midas. Seguem as leis e regras, mas são exigentes com os outros, colocam-se acima dos outros.

2) **O samaritano rebelde** – Foi forçado quando criança a se sentir perseguido. Acaba concluindo que o certo é ser rebelde porque é tido por ovelha negra, bode expiatório, criança problema. Vai sempre protestar e agredir. Manifesta sua raiva e desagrado. Resolve o problema da vergonha com o protesto, a reação ostensiva, a contestação. Religiosamente o samaritano rebelde é crítico, insatisfeito, contestador, não importa tanto as leis, mas as situações gritantes, as práticas libertadoras, os protestos e mudanças. Diz o que sente e acaba ferindo os outros. Sua postura é "ser do contra", correndo o risco do negativismo, da agressividade. Faz tudo isso porque sente a necessidade de mudança, a defesa da liberdade, da democracia, da conscientização. Agrada-lhe ver Jesus com o chicote expulsando os negociantes do templo.

3) **O essênio perdido** – É a reação da criança que tenta fugir, esconder-se, escapar quando acontece algo negativo, assim como os essênios fugiram da sociedade. Representa a criança com poucos amigos, temerosa, fechada, que brinca sozinha, instalada na frente da TV, introvertida. Não quer ser notada. Não gosta de sobressair na escola. Sente-se perdida. Resolve o problema da vergonha fechando-se no quarto, num canto. Os essênios tinham medo de se misturar com os outros; preferindo o silêncio, o afastamento, fizeram suas regras próprias, sua liturgia, sua moral. Religiosamente o essênio perdido é alguém que se "vicia na religião", não acreditando na medicina, na ciência, nas soluções que o mundo oferece. Vive um misticismo exagerado. São pessoas dependentes das autoridades religiosas, evitam conflitos. Querem a solidão, a mística, a vida interior, o intimismo, o isolamento. São obedientes, pacifistas, medrosos, gregários, solidários com a autoridade. São vítimas dos exageros de seus superiores como por exemplo em Jonestown, onde milhares de fiéis de uma seita se envenenaram obedecendo ao pastor.

4) **O saduceu divertido** – Os saduceus eram pessoas amigas de Roma que colaboravam com o império, amigos do sistema e por isso procuravam divertir e distrair os judeus para que não se rebelassem. Encobriam os problemas através da religião. A criança divertida é a queridinha da família, a mascote, a palhaça, conquista pelo charme, pela brincadeira. Adora fazer os outros rir, fazendo gracinha. Para resolver o problema da vergonha, ela não perde tempo e logo pergunta: "Qual é o problema?" Religiosamente são os que gostam das festas, liturgias, roupas, pompas religiosas fazendo de conta que tudo vai bem. Gostam de cantos, palavras, aleluias e com isso anestesiam sua dor. Manipulam os outros através da religião, exageram no barulho, nas celebrações festivas, coreografias, criatividades, e assim escondem suas fraquezas. Levam a religião para o lado divertido, pomposo, festivo, hilariante. Aleluia, aleluia, alegria, alegria é seu lema. A imagem que têm de Deus é a do amigo, aliado, companheiro, Deus-amor. A religião é vivida através da alegria, do bom humor, das belezas naturais, da cultura religiosa. Estão sempre sorridentes, de bem consigo e querem alegrar os outros, embora possam interiormente carregar cruzes e sofrimentos.

Papa Francisco e os confessores

Em seu pontificado, o Papa Francisco tem dado muita atenção aos confessores. No Encontro Mundial dos Seminaristas em Roma, por ocasião do Ano da Fé (2013), pediu aos seminaristas a serem transparentes na confissão, a dizer tudo, a não ter medo. A ser verdadeiro. Isso é sinal de humildade. A virtude da humildade cresce com a humilhação. Portanto, não esconder nada, dizer sem rodeios, não falar generalidades. Confessar-se é estar falando com Jesus através do confessor. Jesus sabe nossa verdade, sabe o que existe em nós.

O seminarista não deve fazer uma peregrinação de confessores para esconder a verdade. Seja transparente, transparente! Jesus abraça e beija o penitente sincero, transparente, humilde. O melhor mesmo é não cair na hipocrisia, não fechar a boca e dizer: "fiz isto, fiz aquilo". Quem fecha a boca para nos acolher é Jesus. Ele nos ouve. Onde há muito pecado, a graça vai ser maior. Transparência é abrir a porta à graça.

Na Bula *Misericórdiae Vultus* em preparação ao Ano Santo da Misericórdia (2016), o papa escreve que no Sacramento da Confissão tocamos sensivelmente a grandeza da misericórdia. O confessor é verdadeiro sinal da misericórdia do Pai. Um bom confessor não se improvisa. Que os confessores sejam também penitentes. Ser confessor é participar da missão de Jesus, é ser sinal concreto do amor divino que perdoa e salva. O padre na ordenação presbiteral recebe o Espírito para o perdão dos pecados. Disto somos responsáveis. Não somos donos do sacramento, mas apenas servos fiéis do perdão de Deus.

O confessor acolhe o pecador como o pai do filho pródigo que corre ao encontro do filho, apesar de ter dissipado os bens. Os confessores são chamados a estreitar a si aquele penitente que volta para casa e saiba exprimir a alegria por tê-lo reencontrado. Não nos cansemos de ir ao encontro do outro filho para explicar-lhe que o seu juízo severo é injusto e sem sentido diante da misericórdia sem limites do Pai.

Os confessores não façam perguntas impertinentes, mas interrompam o discurso do filho, sabendo acolher o pedido de ajuda e de perdão do filho arrependido. Sejam os confessores sempre e em cada situação o sinal do primado da misericórdia.

Na Carta *Misericordia et Misera*, o papa volta ao tema da confissão. O confessionário não é lugar da tortura, mas epifania do amor misericordioso. O confessor exerce o ministério do bom pastor, do bom samaritano, do médico, que derrama o bálsamo do perdão e da paz nos corações. O confessionário é, também, tribunal da verdade, da misericórdia e da alegria. Não sejais curiosos, inquisidores, maliciosos no confessionário. Respeitem o segredo da confissão. Nós, confessores, também somos pecadores. Recomendo aos sacerdotes a se prepararem com cuidado para o ministério da Confissão. Deus nos confiou o ministério da reconciliação (2Cor 5,18). A confissão é a hora do abraço do Pai, para nos restituir a graça de voltarmos a ser filhos.

Deus faz o confessor compreender o seu amor precisamente à vista da sua realidade de pecador, que experimenta de novo a proximidade do Pai. Como Jesus permaneceu em silêncio perante a adúltera para salvá-la da condenação à morte, assim o sacerdote seja magnânimo de coração no confessionário. Esteja ciente que cada penitente lhe recorda a sua própria condição de pecador, e de ministro da misericórdia.

Digamos como Paulo: "sou o primeiro dos pecadores", mas alcancei misericórdia (1Tm 1,16).

Nós, primeiramente fomos perdoados, tendo em vista o ministério da reconciliação. Somos testemunhas em primeira mão da universalidade do perdão. Não há lei nem preceito que possa impedir a Deus de abraçar novamente o filho que retorna reconhecendo que errou, mas decidido a começar de novo. Deter-se apenas na lei equivale a invalidar a misericórdia divina.

Nós confessores temos experiência de muitas conversões que ocorrem diante de nossos olhos. Não invalidemos estes momentos com comportamentos que possam contradizer a misericórdia que se procura.

O Sacramento da Reconciliação precisa voltar a ter o seu lugar central na vida cristã. Que os sacerdotes ponham sua vida a serviço desse sacramento, de modo que ninguém sinceramente arrependido seja impedido ao acesso do amor do Pai que espera seu regresso. Recordo que não existe nenhum pecado que a misericórdia de Deus não possa alcançar e destruir quando encontra um coração arrependido que pede para se reconciliar. Nunca esmoreça a certeza de que o Senhor nos ama.

Obras de misericórdia: dimensão social

Contemplação para chegar ao amor: o amor se coloca mais nas obras do que nas palavras. As obras de misericórdia são obras que o Pai de antemão preparou para as praticarmos (Ef 2,10), obras para o bem comum.

Mt 28,20: ensinai a cumprir o que eu vos tenho mandado. As obras de misericórdia estão descritas em Mt 25. As obras de misericórdia são infinitas. As sete obras enumeradas pela Igreja são a matéria-prima, mas a misericórdia tem por objeto a vida humana em sua totalidade. É preciso criar uma cultura de misericórdia. Para realizar as obras de misericórdia Deus prefere os instrumentos mais fracos, humildes, insignificantes. O povo tem desejo de praticar obras de caridade e as realiza, de fato, com generosidade e alegria. Quantas obras de caridade estão organizadas. O povo tem o *sensus fidei* e o sentido do pobre. Rezemos: Alma de Cristo, santifica-nos. Esta oração nos abre para praticar as obras de misericórdia.

O Papa Francisco lê uma carta que recebeu de um sacerdote. Termina a meditação assim: vamos em frente. Não percamos a oração. Se cairdes de sono diante do sacrário, bendito seja Deus. Mas rezai. Não percais isto. Deixai-vos olhar por Nossa Senhora e olhe para ela como Mãe. Não percais o zelo. Não percais a proximidade. Não percais o sentido do humor. E vamos adiante.

Presbitério sadio

1) Alegre e unido.
2) Saber elevar e promover colegas.
3) Alegrar-se com o sucesso do outro.
4) Fazer visitas espontâneas aos colegas.
5) Evitar ausências nas reuniões do clero.
6) Não fugir do colega que pensa diferente.
7) Ser coformador com os formadores dos seminários.
8) Promover a Pastoral Presbiteral.
9) Visitar os seminaristas.
10) Seguir o plano pastoral diocesano.
11) Dispor-se às transferências.
12) Carinho com os padres idosos.
13) Acolhimento dos padres novos.
14) Entrosamento entre religiosos e diocesanos.
15) Partilha de bens entre paróquias ricas e pobres.
16) União com o bispo.
17) Bom relacionamento com as religiosas.
18) Transparência na economia.
19) Estilo de vida simples e sóbrio.
20) Ser humano, cristão e consagrado.

21) Incentivar as vocações.
22) Cultivar amizades sadias.
23) Praticar a correção fraterna.

As seis qualidades de um padre líder

1) **Zelo pela retidão** – Um líder de comunidade cumpre seus deveres, evita toda negligência, consome-se de zelo pelo bem comum. Faz tudo para a glória de Deus, descentraliza seu ego, faz fazer, desaparece para que os outros cresçam. Sabe corrigir os erros e não encobre as faltas. Seu zelo faz que não se canse pelo trabalho, não se dobre nas provações, não se acovarde pela indolência, não se desvie pelas amizades, não trema ante as ameaças. Um líder assim é um verdadeiro pastor.

2) **Compaixão fraterna** – O líder é atento às pessoas, zela pelo seu bem-estar, é sensível às suas necessidades. Tem coração de mãe que sabe dosar ternura e disciplina. É firme, mas não autoritário, nem se coloca acima dos outros. Procura dialogar sem intimidar e sabe também consolar. Foge da agressividade, agindo com amabilidade, porque sabe compreender. O líder é um servidor que tem espiritualidade de comunhão e do lava-pés.

3) **Paciência e tolerância** – Procura perdoar as ofensas, curar as mágoas e promover a concórdia. Seu lema é: não prejudicar, não condenar, não julgar, não agredir. Está voltado para o bem-estar dos outros e por isso o espírito de gentileza, a vontade de reconciliação e o altruísmo lhe conferem paciência e tolerância. Guarda a serenidade e não se deixa abater pelas críticas, pelo contrário, aprende com seus erros e aceita mudar, é pessoa flexível.

4) **Vida exemplar** – Evita a dupla mensagem: dizer uma coisa e fazer outra. Tem autocrítica e aceita correção. Não faz acepção de pessoas, trata a todos com igualdade e dá testemunho de sim-

plicidade, de fé e de participação. Não procura agradar, mas servir. Sua vida pessoal familiar, comunitária é equilibrada e exemplar. Por ser coerente e transparente é amado, obedecido, visitado, imitado.

5) **Bom-senso** – Não se considera melhor do que os outros e por isso não se gaba nem humilha. Sabe exigir, mas sem ferir. Diz a verdade com jeito e caridade. Seu bom-senso está no discernimento: nem áspero demais, nem suave demais; nem triste demais, nem fanfarrão; nem curioso demais, nem despreocupado demais; nem brando demais, nem severo demais; nem solitário demais, nem sociável demais chegando a ser simplório, leviano, brincalhão para ser bemquisto. Não compra o afeto das pessoas.

6) **Devoção a Deus** – Sua fé se expressa na oração e no amor solidário. Entusiasmado por Jesus, enche-se de paixão pelo Reino de Deus e de compaixão pelas pessoas. O amor de Deus é sua convicção pessoal. É entusiasmado pelas coisas de Deus, pela Igreja, pela comunidade. Tem o ouvido no coração de Deus e a mão no pulso da história. Não desanima, é perseverante e carrega o fardo dos irmãos. Sua cruz é também sua escola. Aprende com a ciência da cruz.

Nossas comunidades precisam de padres líderes, animadores preparados. As qualidades aqui apontadas podem ajudá-los, embora elas sirvam para qualquer liderança como professores, políticos, médicos etc. O animador é alma de comunidade, é fonte de inspiração.

Ser padre

Bem sabemos que o sacerdócio não é uma honra, mas um chamado para a missão, a evangelização "em nome de Deus e a favor do povo". Reflitamos sobre o que é ser padre.

1) **É, antes de tudo, ser humano** – Tirados dentre os homens (Hb 5,1); rodeados de fraquezas (Hb 5,2); homens do mundo (Jo 17,6), assim são os padres. A ordenação não imuniza a pessoa do ministro das fraquezas humanas, erros e pecados (CIC 1550). Sabemos também que esta fraqueza não invalida a celebração nem impede o fruto da graça. A indignidade do ministro não impede Cristo de agir, embora melhor é a santidade de vida para o ministério sacerdotal. O homem moderno acredita mais nas testemunhas do que nos mestres.

O Vaticano II prescreve seis qualidades humanas para o padre: bondade de coração, sinceridade, coragem, constância, cultivo da justiça e delicadeza. As atitudes dissonantes com estas virtudes e que desumanizam os ministros são: agressividade, inferioridade, medo, exibicionismo, dependência afetiva, gratificação sexual, dominação. Quanto mais o padre é humanamente polido, melhor irá evangelizar, pois a "graça supõe a natureza". Enquanto pessoa humana o padre precisa de amizade, compreensão, perdão, colaboração das pessoas. Nada melhor para o padre do que a boa convivência com seus colegas, seu bispo, sua comunidade. A felicidade do sacerdócio é reflexo da felicidade pessoal. Um padre humano, alegre, feliz é propaganda de Deus e de vocações.

2) **É ser cristão** – A vocação mais importante é à santidade. Decorre daí que o padre é, antes de tudo, discípulo do Evangelho, um cristão com igual dignidade à dos demais cristãos. Para ser ordenado o padre deve ser sobremaneira evangelizado. Nada melhor para a Igreja do que a santidade do padre. Pelo batismo o padre, com os demais fiéis, é filho de Deus, no seguimento de Jesus, vivendo no Espírito, como homem de Deus, pessoa de fé e oração.

O padre é um homem cheio de graça que fala com Deus para falar de Deus. Sua vida é um ciclo de sacrifício e alegria. Como o povo tem direito e bons médicos, bons professores, tem direito a ter bons padres.

3) **É ser consagrado** – O sacerdote é ordenado para colaborar na ordenação do mundo, é representante de Jesus, o Bom Pastor, é pontífice, ou seja, ponte entre Deus e a humanidade, é mestre da fé e testemunha da verdade. Nosso povo fica comovido vendo o padre rezar e ao mesmo tempo se dedicar aos pobres, à libertação das injustiças como profeta do reino, servidor de todos. "Vistam-se os sacerdotes de justiça" (Sl 132,9). O padre preside a Eucaristia para dar vida. Cabe-lhe ajudar a carregar o fardo do povo.

O ministério sacerdotal é sustentado pela misericórdia de Deus para animar o sacerdócio do povo. É uma vida que se harmoniza com grandes responsabilidades e grandes alegrias. Todo padre está a serviço da nova humanidade em Cristo. Desenvolve no mundo a economia da doação de si e da solidariedade. "O ofício eclesiástico não sirva para fins de lucro" (*PO* 17). Quanto mais configurado a Cristo, mais o padre convence e sua vida é um reservatório de alegria. Dom e mistério, é o sacerdócio: "Dar-vos-ei pastores segundo o meu coração" (Jr 3,15). Sim, o padre vem do coração de Deus para estar no coração do mundo, como presença do amor de Deus. Ser padre é ser parteiro da nova vida em Cristo, administrador dos mistérios de Deus. Parabéns e gratidão aos nossos padres.

Viva o Ano Sacerdotal

Toda a Igreja será agraciada com o Ano Sacerdotal. Jesus demonstrou muito carinho pelos seus Doze. Passou uma noite inteira rezando para escolhê-los. Escolheu os que quis (Mc 3,13). Criou com eles um forte vínculo de amizade e discipulado. Educou-os na ótica do Evangelho. Motivou-nos a pedir ao Senhor da messe mais operários. Despede-se do mundo com a oração sacerdotal (Jo 17).

A teologia ensina que o padre age na pessoa de Jesus, em nome da Igreja e em favor do povo. Ele é a ponte, a escada, a rota entre Deus e o povo. O padre está a serviço da nova humanidade em Cristo. É consagrado para um mundo novo, é ordenado para ordenar o mundo na ótica do amor fraterno. A história de uma vocação é uma história de amor e de salvação. Deus ama os padres porque ama seu povo. Tudo que se diz do padre é em benefício do povo. O Ano Sacerdotal é um ano do povo sacerdotal.

O padre tem obrigação de ser homem de Deus. Quem vai à farmácia quer remédio, quem vai à padaria quer pão, quem vai ao açougue quer carne, quem vai ao padre quer Deus. O padre é um perito nas coisas de Deus, é a visibilidade do amor de Deus, é o administrador dos mistérios de Deus. O sacerdócio é um mistério insondável de amor.

São Francisco de Assis dizia: "quero temer, honrar e amar os sacerdotes como meus senhores, pois neles está o filho de Deus. Não levo em consideração os seus pecados, porque reconheço neles o Filho de Deus e eles são os meus senhores". Notemos que no tempo de São Francisco o clero vivia numa época de decadência. Só o amor haverá de soerguer o sacerdote ferido e caído. São João Vianney afirma que morreríamos de amor se conseguíssemos compreender o sacerdócio na terra. Só será compreendido no céu.

Santa Teresinha do Menino Jesus afirma: "vim para o Carmelo para rezar pelos sacerdotes". Continua afirmando: "Deus não chamou os que são dignos, mas os que Ele quis. É por misericórdia que Deus chama". Toda vocação tem sua raiz na misericórdia de Deus, porque somos "vasos de argila" carregando o mistério. O padre não é anjo nem demônio, é homem consagrado no qual Deus apostou.

Nossos padres não precisam tanto de confetes, mas de compreensão, colaboração, perdão e oração. Por outro lado, o povo quer um bom médico, um bom professor, um bom advogado, forçosamente quer ter um bom padre. Ajudemos nossos padres a serem bons e santos. Um povo sem padre decai em desumanidades. Ninguém como o padre tem o poder de anular, destruir e vencer o mal. Só o padre pode dizer: "Eu te absolvo. És agora inocente. És nova criatura. Vai em paz". Só o padre pode dizer: "Isto é o meu corpo", e assim acontece o maior milagres, da história que ecoa por todo o universo. O padre torna Jesus nosso contemporâneo pela Eucaristia.

A Igreja depende do trabalho dos presbíteros. Por isso o Concílio aponta seis qualidades do padre: bondade de coração, sinceridade, coragem, constância, cultivo da justiça, fineza. Os sacerdotes são ministros de Deus, colaboradores dos bispos, promotores dos leigos, transformadores da sociedade. O sacerdócio é sacrifício e alegria, dom e tarefa. A ovelha não produz a lã para si, a abelha não faz o mel para si, as aves não fazem o ninho para si. Assim, o padre não existe para si. Ele é de Deus e para os outros. Promove a glória de Deus e a salvação do mundo, daí a necessidade de o padre ser um especialista em Deus e um perito em humanismo.

Antes de ser consagrado, o padre é alguém humano, rodeado de fraqueza. Pelo batismo, o padre é um cristão, um discípulo, é ovelha do rebanho, "para vós sou bispo, convosco sou cristão". Num terceiro momento vem o sacerdócio. Que nós bispos e padres sejamos, pois, humanos, cristãos e sacerdotes.

CULTURAL

Administração
Antropologia
Biografias
Comunicação
Dinâmicas e Jogos
Ecologia e Meio Ambiente
Educação e Pedagogia
Filosofia
História
Letras e Literatura
Obras de referência
Política
Psicologia
Saúde e Nutrição
Serviço Social e Trabalho
Sociologia

CATEQUÉTICO PASTORAL

Catequese
  Geral
  Crisma
  Primeira Eucaristia

Pastoral
  Geral
  Sacramental
  Familiar
  Social
  Ensino Religioso Escolar

TEOLÓGICO ESPIRITUAL

Biografias
Devocionários
Espiritualidade e Mística
Espiritualidade Mariana
Franciscanismo
Autoconhecimento
Liturgia
Obras de referência
Sagrada Escritura e Livros Apócrifos

Teologia
  Bíblica
  Histórica
  Prática
  Sistemática

VOZES NOBILIS

Uma linha editorial especial, com importantes autores, alto valor agregado e qualidade superior.

REVISTAS

Concilium
Estudos Bíblicos
Grande Sinal
REB (Revista Eclesiástica Brasileira)

VOZES DE BOLSO

Obras clássicas de Ciências Humanas em formato de bolso.

PRODUTOS SAZONAIS

Folhinha do Sagrado Coração de Jesus
Calendário de mesa do Sagrado Coração de Jesus
Agenda do Sagrado Coração de Jesus
Almanaque Santo Antônio
Agendinha
Diário Vozes
Meditações para o dia a dia
Encontro diário com Deus
Guia Litúrgico

CADASTRE-SE
www.vozes.com.br

EDITORA VOZES LTDA.
Rua Frei Luís, 100 – Centro – Cep 25689-900 – Petrópolis, RJ
Tel.: (24) 2233-9000 – Fax: (24) 2231-4676 – E-mail: vendas@vozes.com.br

UNIDADES NO BRASIL: Belo Horizonte, MG – Brasília, DF – Campinas, SP – Cuiabá, MT
Curitiba, PR – Fortaleza, CE – Goiânia, GO – Juiz de Fora, MG
Manaus, AM – Petrópolis, RJ – Porto Alegre, RS – Recife, PE – Rio de Janeiro, RJ
Salvador, BA – São Paulo, SP